中宣部理论局、中组部干部教育局向党员干部推荐书目

《资本论》简说
（第二版）

———— 卫兴华　编著 ————

中国财经出版传媒集团
中国财政经济出版社

图书在版编目（CIP）数据

《资本论》简说／卫兴华编著．—2 版．—北京：中国财政经济出版社，2019.4（2023.7重印）

ISBN 978-7-5095-8931-1

Ⅰ.①资… Ⅱ.①卫… Ⅲ.①《资本论》-马克思著作研究 Ⅳ.①A811.23

中国版本图书馆 CIP 数据核字（2019）第 054620 号

责任编辑：吕小军
封面设计：思梵星尚

中国财政经济出版社 出版

URL：http：//www.cfeph.cn
E-mail：cfeph@cfeph.cn

（版权所有　翻印必究）

社址：北京市海淀区阜成路甲28号　邮政编码：100142
营销中心电话：010-88191537
北京富生印刷厂印刷　各地新华书店经销
787×1092 毫米　16 开　7.75 印张　74 000 字
2019 年 4 月第 2 版　2023 年 7 月北京第 3 次印刷
定价：28.00 元
ISBN 978-7-5095-8931-1
（图书出现印装问题，本社负责调换）
本社质量投诉电话：010-88190744
打击盗版举报热线：010-88191661　QQ：2242791300

前言

《资本论》是马克思关于政治经济学、哲学和科学社会主义的一部重要的经典著作,内容博大精深。学习马克思主义理论,有必要学习《资本论》的基本内容,但三卷《资本论》有230万字,一般《资本论》节选本也有几十万字,一般读者没有足够的时间和精力尽享其内容。总愿意用适当的时间和精力的付出,能够学习和掌握《资本论》的要义。考虑到这种情况,作者编写了《〈资本论〉简说》一书。"简说"一词不是"简单论述",而是"简明""精简"之意。全书内容近五万字,附录《力求准确解读〈资本论〉的基本原理和方法》一文,一万多字,总共约六万字。尽量用较少的文字和通俗语言阐述《资本论》的精要内容和基本方法。全书篇幅小,内容少,但涵盖面大,力求将三卷《资本论》精义包括其中。希望这样做有助于马克思主义理论的传播。

何召鹏、黄林、闫盼等几位博士生帮我做了些事务性的工作。中国财政经济出版社的吕小军为本书的出版付出了辛勤和有效的劳动,谨致谢忱。

卫兴华
2014 年 9 月 1 日于中国人民大学

目　录

马克思写作《资本论》和《资本论》的出版概况 … （ 1 ）
第一章　《资本论》的研究对象问题 …………… （ 5 ）
　　一、联系生产力研究资本主义生产关系和揭示
　　　　资本主义经济规律 …………………… （ 5 ）
　　二、作为《资本论》研究对象的"资本主义
　　　　生产方式"是什么？ ………………… （ 7 ）
第二章　《资本论》的方法问题 ………………… （12）
　　一、辩证唯物主义与历史唯物主义的方法 …… （12）
　　二、作为科学抽象的"抽象力"方法 ………… （16）
第三章　商品与价值理论 ………………………… （18）
　　一、商品二因素：使用价值与价值 …………… （19）
　　二、具体劳动和抽象劳动 ……………………… （21）
　　三、价值量的决定 ……………………………… （22）
　　四、社会必要劳动时间和劳动生产力的关系 … （24）
　　五、两种含义的社会必要劳动与价值的关系 … （26）
第四章　货币的产生和职能 ……………………… （28）
　　一、从价值形式的发展看货币的产生 ………… （28）

二、货币的本质和职能 …………………………（32）
　　三、商品生产的基本矛盾和价值规律的作用 …（36）
第五章　剩余价值生产 ……………………………（40）
　　一、货币转化为资本，劳动力成为商品 ………（40）
　　二、绝对剩余价值生产 …………………………（43）
　　三、相对剩余价值生产 …………………………（45）
　　四、超额剩余价值 ………………………………（46）
　　五、资本主义工资的本质和形式 ………………（47）
第六章　资本的积累过程 …………………………（50）
　　一、简单再生产和扩大再生产 …………………（50）
　　二、影响资本积累的因素 ………………………（51）
　　三、资本有机构成和相对人口过剩 ……………（52）
　　四、资本主义积累的一般规律和历史趋势 ……（54）
第七章　资本的循环与周转 ………………………（58）
　　一、资本的循环 …………………………………（58）
　　二、资本的周转 …………………………………（59）
第八章　社会总资本的再生产和流通 ……………（63）
　　一、社会总资本的再生产不同于单个资本的
　　　　再生产的特点 ………………………………（63）
　　二、社会总资本的简单再生产 …………………（64）
　　三、社会总资本的扩大再生产 …………………（65）
　　四、资本主义经济危机 …………………………（68）
第九章　平均利润和生产价格 ……………………（70）
　　一、成本价格、利润与利润率 …………………（70）
　　二、平均利润的形成 ……………………………（71）
　　三、价值转化生产价格 …………………………（72）

第十章 剩余价值在不同资本之间的分割及其表现形式 ………………………………………（74）
  一、商业资本与商业利润 ……………………（74）
  二、生息资本和利息 …………………………（77）
  三、资本主义地租 ……………………………（82）

第十一章 对"三位一体的公式"的批判、分配关系和生产关系 ………………………（87）
  一、"三位一体的公式" ………………………（87）
  二、分配关系和生产关系 ……………………（92）

附录 力求准确解读《资本论》的原理和方法
  ——《〈资本论〉精选讲解》前言 …………（95）

马克思写作《资本论》和《资本论》的出版概况

马克思从1843年底开始研究政治经济学。到1867年秋《资本论》第一卷出版，花费了近24年的时间。《资本论》共三卷。按马克思的原计划，还有第四卷《剩余价值理论》。目前讲《资本论》主要是指第一、二、三卷。《剩余价值理论》是在马恩逝世以后，由后人整理，作为单独的著作出版的。马克思只看到《资本论》第一卷的出版，不过《资本论》第二、三卷的内容初稿，在《资本论》第一卷出版以前就已写完。有人误认为《资本论》第二、三卷是在《资本论》第一卷出版后才着手写的，那有违事实。恩格斯在为《资本论》第三卷所写的1894年序言中讲："1863年和1867年之间，马克思不仅已经为《资本论》后两卷写成了初稿，把第一卷整理好准备付印。"事实上，从1863年至1865年年底的两年多的时间里，马克思在1861—1863年的手稿的基础上，基本完成了三卷《资本论》的初稿。到1866年初，全部著作完成之后，马克思才着手进行付印前的最后加工。首先完成了第一卷的加工，并于1967年出版。

第一卷出版后，马克思继续修订后两卷的手稿。但由于诸多原因，延缓了后两卷的出版。

其一是马克思的工作任务繁重，特别是因参加和领导工人运动的实际斗争，同时还需要为此写作有关文件和文章，有时不得不放下对《资本论》的写作。

其二是马克思长年病痛，影响了写作工作。1864年10月4日，马克思致卡尔·克林格斯的信中说："整个这一年我都在闹病（受到痈和疖子的折磨）。要不是这样，我的政治经济学著作《资本论》就已经出版了。"1866年2月10日，马克思致恩格斯的信中说："使我最不愉快的是，必须打断自1月1日即我肝痛消失时起，已有出色进展的工作（指写作《资本论》——引者）。'坐'，自然谈不上，这在目前对我来说还很困难。白天哪怕只有短暂的时间，我也还是躺着继续苦干。"

其三是贫穷影响了写作的顺利进行。1851年，马克思致约瑟夫·魏德迈的信中说："从早晨九点到晚上七点，我通常在英国博物馆里（指英国博物馆的图书馆——引者）。……常常有各种各样的实际干扰，这是在贫穷条件下过日子所不可避免的。"1857年12月8日，马克思致恩格斯的信中说："当我在楼上给你写这一封信的时候，我妻子在楼下被一群饿狼包围，他们……逼她要钱，而她没有。"马克思有时连寄手稿的钱都拿不出来。1859年1月21日，他写给恩格斯的信中说："倒霉的手稿写完了，但不能寄走，因为身边一分钱也没有，付不起邮资和保险金；……所以我又不得不请你在星期一以前寄点钱来……如果你能寄来两英镑，那就好了，因为我把几笔小额债务的付款日期推迟到星期一,到期绝不能再拖了。……我又来逼你,我是多难受啊。"可以看出,马克思处在负债度日之中。为了生计,他不得不推迟《资本论》的写作,从事一些谋生的工作。马克思是在贫病交加的状况下写作《资本论》的。1867年8月24日,马克思在致恩格斯的信中说:"我非常高兴地看到我的理论上的结论已经完全被事实证实了。最后,这是在痛的折磨和债主每天登门逼债的情况下写成的!"

其四,马克思写作的工作量大,同时又要精益求精,力求把最完整的研究成果奉献给社会。1865年7月31日,马克思致恩格斯的信中说:"我不能下决心在一个完整的东西还没有摆在我面前时,就送出任何一部分。不论我的著作有什么缺点,它们都有一个长处,即它们是一个艺术的整体;但是要达到这一点,只有用我的方法,在它们没有完整地摆在我面前时,不拿去付印。"马克思写《资本论》,是不断修改与加工的过程。

马克思知道他的《资本论》的出版,在用科学的理论武装工人阶级中的重大意义,对资本主义社会将会产生改天换地的作用。所以只要时间允许,他就忍受着病痛和穷困的折磨,夜以继日地为《资本论》的写作,不断精益求精。马克思本想在《资本论》第一卷出版后,对第二、三卷的原稿经过修订整理,尽快完稿出版。但未能如愿。从开始研究和写作政治经济学著作,并一直继续《资本论》的写作和修订工作,直到生命的最后一刻,马克思经历了40年的时间。所以人们常说马克思写作《资本论》用了40年的时间。其实,不是连续写作《资本论》花费40年的时间,而是由于上述种种原因,拖延了三卷《资本论》特别是后两卷的完稿出版。

马克思逝世后，恩格斯对《资本论》进行整理、校订、编辑，耗费了不少时间。经过恩格斯两年多的辛勤劳动，《资本论》第二卷于1885年7月出版。后来，恩格斯的健康状况也恶化。但他继续对《资本论》第三卷的手稿进行校订、整理，于1894年面世。也就是恩格斯逝世的前一年，他完成了《资本论》第三卷的出版。对自己的挚友马克思做了完整的交代。

马克思亲自完成了《资本论》第一卷第一版和第二版的出版工作，恩格斯主持了第三版和第四版的出版。恩格斯还出版了《资本论》第二卷第二版。

《资本论》第一卷出版时，特别是在扉页上写了"献给我难忘的朋友威廉·沃尔弗"。可以看出，马克思与他有深厚的革命友谊。而他在《资本论》出版前已经去世。沃尔弗是德国无产阶级革命家，马克思和恩格斯的真诚战友。他出身于佃农阶层，反对普鲁士暴政，1846年流亡到布鲁塞尔，参加了马克思领导的共产主义运动。沃尔弗于1864年逝世前，把自己的书、家具和820英镑留给马克思。这对马克思是很大的帮助，解救了全家的困境。这也是马克思为感激沃尔弗，特别在扉页上写上将《资本论》献给他的原因。

第一章 《资本论》的研究对象问题

一、联系生产力研究资本主义生产
关系和揭示资本主义经济规律

《资本论》共三卷。如果加上《剩余价值理论》，也可说共四卷。一般来说，学习和研究《资本论》，是就三卷内容而言的。

《资本论》是研究资本主义生产关系和揭示资本主义经济运行规律的。马克思运用辩证唯物主义和历史唯物主义的方法，把人类社会的发展看作是"自然的历史过程"，即客观的必然过程。因此，资本主义经济制度不会是永恒不变的制度。而是要经历一个产生、发展、成熟和完善的过程，最终会走向衰落，被社会主义制度取代。

马克思历史唯物主义的一个基本原理，是生产力决定生产关系，生产关系要适合生产力发展的状况。这一原理贯穿于《资本论》全部研究内容之中。生产力不断发展、生产关系也随之发展和变革，生产关系要适应生产力的发展状况。因此，研究资本主义生产关系，不能脱离开生产力的发展孤立地去研究，而是以一定的生产力状况的存在为前提。需要结合生产力的发展研究生产关系，并揭示其经济运行规律。《资本论》不仅论述了西方封建制度中生产力的发展和资本主义经济成分的产生以及最后被资本主义所取代的史实，而且论述了随着资本主义简单协作、分工的工场手工业和机器大工业的三个发展阶段的相继推进，资本主义生产关系也不断发展与成熟，劳动对资本的隶属关系由形式的隶属发展为实质的隶属。所谓形式的隶属，就是指在简单协作阶段，企业主只是把多个劳动者集中起来，每个劳动者都独立地完成一个生产过程。比如，每个木匠都可独立地生产一把桌椅，没有丧失自己的独立操作工艺。它如果离开企业主，依然可以作为一个手工业者存在。而到了分工的工场手工业特别是到了机器大工业阶段，生产分工越来越细，工人只从事局部的操作，产品是由众多工人分工协作完成的，因而工人丧失了独立完成产品生产的技能，他如果离开企业主就失去了生产与生活的条件，这就是劳动对资本的实际隶属，也就是雇佣工人对资本家的实际隶属。

政治经济学教科书中讲研究对象时，一般讲研究生产关系、揭示经济运行规律。生产关系有狭义广义之分。狭义生产关系专指直接生产过程中的关系；广义生产关系指再生产过程中的关系，包括生产资料所有制关系，生产资料和劳动力相结合的关系，直接生产过程中的生产关系、交换关系、分配关系和消费关系。

马克思《资本论》或政治经济学，是研究资本主义经济制度的。它之所以重在研究生产关系，是为要揭示资本主义制度中资产阶级和无产阶级之间剥削与被剥削的生产关系或阶级关系本质，给工人阶级提供社会主义运动的理论武器。马克思没有义务为资本主义制度出谋划策、提供资本家该怎样发展生产力的理论指导，所以不把生产力作为研究对象。社会主义政治经济学要继承和发展马克思政治经济学的对象，既要着重研究社会主义生产关系和经济发展规律，也要研究生产力的发展状况和怎样更好地推进生产力的发展，但并不研究生产力的技术方面。

二、作为《资本论》研究对象的"资本主义生产方式"是什么？

《资本论》中关于研究对象的一个提法，引起了学界的不同理解与长期讨论。《资本论》第一卷第一版的序言中这样讲："我在本书中研究的是资本主义生产方式以及和它相适应的生产关系和交换关系。"《资本论》要研究资本主义生产关系和交换关系，这容易理解。但首先要研究决定着生产关系和交换关系的"资本主义生产方式"究竟是指什么？众说纷纭，理解不同。有人解读为生产力，有人说是生产力含义上的劳动方式，有人说是生产关系总和，还有人说是介于生产力与生产关系之间的劳动方式，等等。其实，学习和研究《资本论》，应系统性和整体性地把握基本原理。只要从《资本论》三卷的相关内容去综合研究和把握，作为

《资本论》研究对象的"资本主义生产方式"的实际内涵就会迎刃而解。

马克思在《资本论》中讲"生产方式"和"资本主义生产方式"的地方很多。我们平常讲"生产方式",一般是指生产力和生产关系的统一,但在《资本论》中,"生产方式"是个多义词,在不同的地方有不同的含义。从大的方面说,它有两种含义:一是生产的技术方式,即人们使用什么样的生产资料、采取什么样的劳动方式进行生产;二是生产的社会方式,即人们在什么样的社会生产关系下将生产资料和劳动力结合起来进行生产。《资本论》中也多处讲"资本主义生产方式",生产方式前面加上"资本主义"概念,表明它是生产的资本主义社会方式,与资本主义生产关系相统一。一般是指资本主义经济制度即资本主义生产关系体系或是指资本主义生产关系的某个方面,如资本主义所有制或生产资料与劳动力相结合的资本主义社会方式,即资本与雇佣劳动相结合的生产方式。也有少数地方,资本主义生产方式是指生产力和资本主义生产关系的统一。

作为《资本论》研究对象的"资本主义生产方式"是什么?应当是指直接决定着资本主义生产关系和交换关系的那种生产方式。我们常讲,生产资料所有制是生产关系体系的基础,这没有错。但光讲所有制并不能直接决定生产过程中的生产关系性质。比如,都是非劳动者占有生产资料而劳动者不占有生产资料,为什么会区分为奴隶制度、封建制度和资本主义制度呢?这就需要通过生产资料和劳动力相结合的特定社会方式来说明。如果生产资料所有者把劳动者当作"会说话的工具",用皮鞭、棍棒驱使劳动者与生产资料相结合，这就是奴隶制度或奴隶制生产方式；如果土地所有者用收取地租的形式，将土地出租给农民，使劳动者与生产资料结合起来，这就是封建制度或封建主义生产方式；如果生产资料作为资本与作为商品的劳动力即与雇佣劳动结合起来，就是资本主义制度或资本主义生产方式。

资本与雇佣劳动相结合的资本主义生产方式，对资本主义生产关系、交换关系和分配关系起着支配和决定作用。马克思反复讲过这个道理，他说："我们称作资本主义生产的是这样一种社会生产方式，在这种生产方式下，生产过程从属于资本，或者说，这种生产方式以资本和雇佣劳动的关系为基础，而且这种关系是起决定作用的、占支配地位的生产方式。"① 马克思还说："不论生产的社会形式如何，劳动者和生产资料始终是生产的因素……要进行生产，它们就必须结合起来。实行这种结合的特殊方式和方法，使社会结构区分为不同的经济时期。在当前考察的场合，自由人和他的生产资料的分离，是既定的出发点，并且我们已经看到，二者在资本家手中是怎样和在什么条件下结合起来的。"② 这两段话说明：（1）生产资料与劳动力相结合的特殊的社会方式，决定着不同经济时期的社会经济结构（指社会经济制度——引者）；（2）资本主义生产是以资本和雇佣劳动的关系为基础的。而资本与雇佣劳动相结合的关系，正是对资本主义经济制度（包括直接生产过程中生产关系、交换关系等）起决定作用和支配地位的生产方式，即作为《资本论》研

---

① 《马克思恩格斯全集》第四十七卷，人民出版社1979年版，第151页。
② 《马克思恩格斯全集》第六卷，人民出版社2009年版，第44页。

究对象的资本主义生产方式。

我在这里之所以用较多的篇幅阐述资本与雇佣劳动相结合的资本主义生产方式，不仅仅是为了辩证和弄清学界长期讨论的作为《资本论》研究对象的"资本主义生产方式"究竟是指什么，而且是因为长期以来理论界对马克思重视和强调的一个重要理论观点，没有给予应有的重视和阐述。而忽视这个问题，会忽视与所有制相结合的一个重要理论观点，而且会对《资本论》中的某些体系和逻辑结构的安排，缺乏应有的理论与把握。比如，《资本论》第一卷第二篇只有一章内容，篇名和章名都是《货币转化为资本》。一篇一章的安排这在《资本论》三卷中是唯一的。为什么不把这一章的内容合并到《绝对剩余价值生产》一篇中，而要单独成章成篇呢？正是因为这一章是要研究和论述决定着资本主义生产关系、交换关系和分配关系的资本和雇佣劳动相结合的资本主义生产方式。《资本论》的逻辑结构就表明了资本与雇佣劳动相结合的资本主义生产方式在研究资本主义经济制度中的重要地位和支配作用。这正是马克思所讲的进入对资本主义经济制度研究的"入口处"。

《资本论》三卷各有自己的具体研究对象，分别依次研究"资本的生产过程"、"资本的流通过程"和"资本主义生产的总过程"。研究"资本的生产过程"，就是研究资本主义直接生产过程中的生产关系，包括商品生产与交换过程中的关系，资本与雇佣劳动相结合的关系；剩余价值生产中的关系；工资的实质和形式所体现的关系；资本积累的关系和资本主义积累的历史趋势等。研究"资本的流通过程"，不是限于研究商品流通中的关系。"资本的流通"是个大流通概念，指资本循环周转与再生产过程。研究"资本主义生产的总过程"，不像前两卷只研究工业资本的生产和流通过程，而是要研究整个资本主义经济的运行过程。包括工业资本、商业资本、生息资本、农业资本的总体运动过程。

第二章 《资本论》的方法问题

一、辩证唯物主义与历史唯物主义的方法

马克思在《〈政治经济学批判〉序言》中,对历史唯物主义下了一个经典的定义:"人们在自己生活的社会生产中发生一定的、必然的、不以他们的意志为转移的关系,即同他们的物质生产力的一定发展阶段相适应的生产关系,这些生产关系的综合构成社会的经济结构,即有法律的和政治的上层建筑竖立其上并有一定的社会意识形态与之相适应的现实基础。社会的物质生产力发展到一定阶段,便同它们一直在其中运动的现存生产关系或财产关系(这只是生产关系的法律用语)发生矛盾,于是这些关系便由生产力发展形式变成生产力的桎梏,那时社会革命的时代就到来了。随着经济基础的变更,全部庞大的上层建筑也或慢或快地发生变

革。"① 这段话告诉我们：人们在生产中发生两方面的关系：一方面是人与自然的关系，形成生产力；另一方面是人与人之间的关系，形成生产关系。生产力决定生产关系，生产关系要与生产力的发展状况相适应。生产关系的总和形成社会经济结构即社会经济制度。社会经济制度是基础，它决定着法律、政治制度等上层建筑和与之相适应的意识形态。当生产力发展到一定阶段，生产关系不适应生产力的发展了，两者发生矛盾，生产关系由促进生产力发展的因素，成为阻碍生产力发展的桎梏。为冲破这种桎梏，就会发生社会革命，用新的适合生产力发展的生产关系取代旧的、不适合生产力发展的生产关系。

马克思在《资本论》第一卷第二版跋中，引用德国一位评论家对《资本论》方法的评论，认为他对《资本论》方法描述得很"恰当"。这位德国评论家认为："在马克思看来，只有一件事情是重要的，那就是发现他所研究的那些现象的规律"，而且最重要的是这些现象发展变化的规律。马克思通过科学研究来证明社会关系的一定发展阶段的必然性，同时证明这种社会关系不可避免地过渡到另一种秩序的必然性。马克思认为：抽象的规律是不存在的，"每个历史时期都有它自己的规律"，不能"把经济规律同物理学定律和化学定律，相比拟"。"生产力的发展水平不同，生产关系和分配关系的规律就不同。马克思给自己提出的目的是，从这个观点出发研究和说明资本主义经济制度，……这种研究的科学价值在于阐明支配着一定社会有机体的产生、生

---

① 《马克思恩格斯选集》第二卷，人民出版社1995年版，第32—33页。

存、发展和死亡以及为另一更高的有机体所替代的特殊规律。"马克思说："他所描述得不正是辩证法吗？"根据这种方法研究资本主义，既要证明它产生与发展的历史必然性，又要证明它的"产生、生存、发展和死亡"及其被社会主义取代的客观规律。

在《资本论》中，运用辩证法和历史唯物主义（也称唯物史观）研究资本主义，贯穿于各个方面。例如，不要资本家和地主个人对资本主义制度负责的观点，在我国长期没有得到重视。然而，这是个重要的理论和实际问题。在《资本论》第一版序言中，马克思特别讲了这样一段话："为了避免可能产生的误解，要说明一下。我决不用玫瑰色描绘资本家和地主的面貌。不过这里涉及的人，只是经济范畴的人格化，是一定阶级关系和利益的承担者。我的观点是把经济的社会形态的发展理解为一种自然史的过程。不管个人在主观上怎样超脱各种关系，他在社会意义上总是社会关系的产物。同其他任何观点比起来，我的观点是更不能要个人对这些关系负责的。"

这段话要说明什么呢？要联系当时的历史背景来理解其所指和意义。当时有多种社会主义流派。拉萨尔学派的社会主义，辱骂资本家，把资本主义剥削制度归罪于资本家个人。而马克思在《资本论》中深刻揭露了资本家剥削工人的实质关系，但不归罪于资本家和地主个人，因为资本主义剥削制度的产生和存在，不是由于资本家个人道义的缺失和认识与行为错误的结果，而是社会历史发展的必经阶段，具有客观历史必然性。《资本论》没有辱骂资本家，但绝不是"用玫瑰色描绘资本家和地主的面貌"，而是把资本主义关系中的人物看作是"经济范畴的人格化"。资本家是资本的人格化，地主是土地的人格化，工人是雇佣劳动的人格化。只要有资本主义制度，必然形成这样的关系，因此，与其他社会主义流派的观点相比，马克思的观点是"不能要个人对这些关系负责的"。马克思主义的经济理论，不搞"唯成分论"，不根据资本家和地主的社会成分，要个人对资本主义关系负责。而我们流行多年的"唯成分论"，却要地主、富农、资本家的后代为其祖辈的剥削制度负责。显然这是偏离马克思主义的。改革开放以后才扭转了这种情况。

《资本论》对资产阶级的历史地位和作用，也是以唯物史观的方法进行评价的。《共产党宣言》中指出了资产阶级和资本主义在发展生产力中的进步作用：资产阶级在它不到一百年的阶级统治中所创造的生产力，比过去一切时代创造的全部生产力还要多，还要大。在反对封建主义的斗争中，资产阶级曾是革命的阶级。但随着资本主义生产力的发展，资本主义的生产关系已容纳不下生产力更高的发展了。周期性经济危机的爆发和工人阶级反抗资产阶级运动的兴起，正是生产力和生产关系矛盾的表现。《资本论》中对资本主义剥削制度的特点，也给以唯物史观的评价：它一方面指出："资本来到世间，从头到脚，每个毛孔都滴着血和肮脏的东西。"[1] 揭露了资本主义剥削制度的残酷性；另一方面它又指出"资本的文明面之一是，它榨取剩余劳动的方式和条件，同以前的奴隶制、农奴制等形式相比，都更有利于生产力的发展，有利于社会关系的发展，有利于更高的新形态的

---

[1] 《马克思恩格斯文集》第五卷，人民出版社2009年版，第871页。

各种要素的创造"①。奴隶制、农奴制剥削的特点，是人身依附关系和超经济强制，而资本主义剥削是没有人身依附关系的经济强制，所谓经济强制，就是工人虽有人身自由，但因丧失了生产资料，只有靠出卖劳动力谋生。请注意：这里讲的是资本主义剥削"方式"相对于奴隶制、封建制来讲的三个"有利于"。有人将其理解为对资本主义剥削制度的赞美、资本主义剥削有功，那就偏离了马克思的原意。

根据历史唯物主义，马克思论证了资本主义制度的历史必然性和历史暂时性，论述了资本主义产生、发展、成熟和走向衰亡，终将被社会主义所取代的历史趋势和客观规律。

二、作为科学抽象的"抽象力"方法

《资本论》第一卷第一版序言提出："分析经济形式，既不能用显微镜，也不能用化学试剂，二者都必须用抽象力来代替。"一切科学研究是要探求事物的本质和规律，需要运用科学抽象方法（简称抽象法），但自然科学可以通过实验进行科学抽象，而政治经济学和其他社会科学不能进行实验，而是需运用"抽象力"，即抽象思维能力。例如，从资本主义利润、利息、地租等多种收入现象中抽象出剩余价值概念来；从多种商品的价格运动和波动中抽象出价值规律来。有的论著中将抽象力与抽象法简单等同，认为自然科学

---

① 《马克思恩格斯文集》第七卷，人民出版社2009年版，第927—928页。

可用显微镜、化学试剂，不用抽象法，只有经济学和其他社会科学运用抽象法。其实，抽象法包括社会科学中运用的抽象力的方法，也包括自然科学中的实验方法。抽象力只是科学抽象的一种方法。现象和本质常常是不一致的，有的现象会掩盖本质。从社会现象上看，资本会产生利润、土地会产生地租，劳动会产生工资，合作互利。但《资本论》透过现象看本质，证明利润、地租是由劳动创造的剩余价值的表现形式。从自然现象看，从高处物体下落，铁块、石块落得快，纸片、羽毛落得慢。但科学家在实验室的真空环境中进行试验，各种物体以同等速度下落，这才是事物的本质和规律。

第三章　商品与价值理论

为什么《资本论》的研究从商品开始？

《资本论》研究资本主义经济制度是从商品开始的。商品生产和交换远在奴隶制度和封建制度就存在和发展，为什么要从研究商品开始研究资本主义呢？这是因为资本主义社会的财富表现为"庞大的商品堆积"，商品是资本主义经济的"细胞形式"。资本主义是在商品流通发展的条件下产生的。"商品流通是资本的起点。"① 所以，《资本论》要首先研究商品、商品生产和商品交换。之所以要首先研究商品问题，还有一个原因，是建立理论体系的需要。我们知道，恩格斯讲过，马克思的两大理论贡献：一是历史唯物主义；二

---

① 《资本论》第一卷，人民出版社2004年版，第171页。

是剩余价值理论。剩余价值理论是马克思经济学的基石。而剩余价值理论是以劳动价值论为基础的。这里讲的价值,是商品的价值。马克思的劳动价值论是通过分析商品生产与商品交换关系建立起来的。因此,《资本论》中首先研究商品理论,实质上是在建立劳动价值理论。

一、商品二因素:使用价值与价值

(一)使用价值

商品是通过市场进行交换的劳动产品。如果是朋友之间互送礼品,也是交换物品,但那不是商品交换。商品交换要通过市场,市场是商品交换的场所、渠道。

商品具有两个因素即使用价值和价值。"物的有用性使物成为使用价值"。因此,使用价值就是物品对人有用处。由于使用价值离不开物体本身,所以,既可以说这种物品有使用价值,又可以说物品本身是使用价值。"例如铁、小麦、金刚石等等就是使用价值。"使用价值既有质的规定,又有量的规定。质的规定是,不同的物品具有不同的使用价值,能满足人们不同的需要,面粉可满足吃的需要,衣服可满足穿的需要。量的规定是,各种有用物品都有各自的计量尺度可以计算其数量。比如,面粉几斤、衣服几件等。

(二) 交换价值和价值

商品与非商品的区别是，商品不仅具有使用价值，而且具有交换价值，就是可以用于交换其他有用物品。不同的商品交换总应该有个量的比例关系，不应是任意的。因为交换双方在利益上应是对等的。"交换价值首先表现为一种使用价值与另一种使用价值相互交换的量的关系或比例。"试问：这种量的比例关系是怎样决定的？最初的商品交换是物物交换，比如，1只羊换100斤小米，或20尺麻布换1件上衣。最初的物物交换产生于原始社会末期，那时是偶然的、将某些物品拿去交换，交换的比例关系还没有规律可循，具有一定的偶然性。但商品交换发展起来后，交换的比例关系就要遵循一定的经济规律了。比如，1只羊换100斤小米的比例关系成为常态，只是会在此基础上有上下变动情况。这个比例关系，根据什么确定呢？1只羊＝100斤小米，表明两者有个共同的东西才能使两者相等，这个共同的东西，显然不是使用价值。两种不同的商品交换，正是以两者具有不同的使用价值为前提。马克思经过分析，说明两种商品以一定的比例关系相等，其共同的东西必然是具有质的同一性，只有量的差别。那就是，两者都是劳动产品，都凝结了一定的人类劳动。这种凝结的劳动，是无差别的一般劳动即抽象劳动。这种抽象劳动形成商品的价值。这种价值自身不能直接表现出来，需要通过与另一种商品交换来表现，也就是通过交换价值来表现。因此，商品的交换价值是价值的表现形式，而价值是交换价值的内容或基础。

二、具体劳动和抽象劳动

商品是由劳动生产出来的,而劳动具有两重性:具体劳动和抽象劳动。具体劳动是根据劳动的目的、对象、操作方法、所用的劳动资料和劳动的结果不同来区分的。如木匠的劳动与裁缝的劳动在这些方面显然有差别。木匠劳动和裁缝劳动就是两种不同的具体劳动,各自生产不同的产品,木匠的劳动生产木器家具,裁缝的劳动生产衣服。因此,具体劳动生产不同的使用价值。不同具体劳动的发展,形成社会分工。劳动的另一重性质是抽象劳动。木匠和裁缝的具体劳动虽然不同,但都是劳动力的支出,"二者都是人的脑、肌肉、神经、手等等的生产耗费",这是一切劳动的共同的一般性质,这就是抽象劳动。抽象劳动没有质的差别,它形成没有质的差别只有量的差别的价值。

由此可见,商品的二因素即使用价值和价值,是由劳动的二重性即具体劳动和抽象劳动形成的。具体劳动生产使用价值,抽象劳动生产价值。

三、价值量的决定

(一) 价值实体与价值量

价值包括价值实体和价值量两个方面。价值实体是指价值的质的规定性,是说明价值是由什么构成的;价值量是指价值的量的规定性,是说明价值的大小问题。价值实体就是无差别的人类劳动的凝结。价值量就是指价值的大小、由什么和怎样决定的。价值既然是由劳动创造的,价值量的多少自然就是由劳动量的多少来决定。劳动量是按劳动时间计算的。

我们讲劳动创造价值,但劳动分活劳动和死劳动。活劳动是当期的现实劳动。死劳动也称物化劳动或过去的劳动。生产商品光有劳动不行,还需要有生产资料,包括劳动对象(如原料)和劳动资料(主要是生产工具,也包括厂房、容器、照明等)。生产资料除去一些自然资源如海洋中的鱼、天然森林等外,都是过去劳动的产物,称物化劳动。商品生产中既需要投入新的活劳动,也需要消耗生产资料,即物化劳动。但是,劳动创造价值是指活劳动创造新价值,生产资料,即物化劳动并不创造新价值,而只是根据生产中的消耗情况,转移其旧有价值。比如,纺纱业中的棉花,是劳动对象,在生产中一次消耗完了,其原有的旧价值全部转移到新产品棉纱中去,而纺纱机因可使用多年,只是按照其每年消耗的程度,将其原有价值逐步地转入棉纱中,称之为折旧。所以,商品的价值包括活劳动创造的新价值,也包括物化劳动转移的旧价值。

(二) 个别价值与社会价值

会产生一个问题:每种商品都有许多不同的生产者进行生产,他们生产同一种商品所花费的劳动时间是不同的。商品价值能由生产者各自耗费的劳动时间即个别劳动时间决定么?显然不是。否则,使用落后工具,又懒惰和不熟练的生产者,与使用先进工具、勤快的熟练生产者,会在同一劳动时间生产同样的价值了。前者生产一件商品所费劳动,大于后者,其商品的价值也大于后者的商品价值了,这显然是说不通的。商品的价值是社会价值,要由社会必要劳动时间决定,而不是由个别劳动时间决定。个别劳动时间只决定商品的个别价值,而个别价值在商品交换中必须还原为社会价值。

假定同一部门有三类劳动者,生产同样的商品,甲类的生产条件(包括生产资料和劳动力状况)属优等,生产一种产品需 8 小时,生产 300 件;乙类的生产条件属中等,生产一件产品需 10 小时,生产了 400 件;丙类的属次等,生产一件产品需 12 小时,生产 300 件。商品社会价值应是由 10 小时社会必要劳动时间决定。

$(300 \times 8 + 400 \times 10 + 300 \times 12) \div 1000 = 10$(小时)

《资本论》第一卷第一章分析商品价值问题时,假定商品供求一致。社会需要 1000 件商品，正好生产了 1000 件。这样商品交换时就按由社会必要劳动时间决定的价值出卖。

应当注意到，生产商品的优等、中等和次等条件的组合状况是不同的。组合状况不同，由个别劳动时间加权平均的社会必要劳动时间也不同。一般情况下是中等条件的产品占多数。但也可有另外的组合情况。如优等条件生产 500 件，中等和次等各生产 250 件，社会必要劳动时间应是：

$(500 \times 8 + 250 \times 10 + 250 \times 12) \div 1000 = 9.5$（小时）

（三）简单劳动与复杂劳动

研究劳动与价值的关系问题时，还需要区分简单劳动与复杂劳动。简单劳动是一般有正常劳动能力的人都能完成的劳动，如工人磨面、农民耕地，不需要专门培训和学习。而制造钟表，从事高科技劳动和创新，就是一种复杂劳动，它需要一定的知识和特殊技能。简单劳动创造价值少，而复杂劳动创造价值多。简单劳动的标准不是固定不变的，随着文化知识和科技水平的普遍提高，简单劳动也会提高其层次。

四、社会必要劳动时间和劳动生产力的关系

随着生产力的发展，生产商品的劳动耗费会减少。因此，社会必要劳动时间是个可变量。单位商品所包含的社会必要劳动量或社会价值，会随着劳动生产力的提高而减少。

《资本论》中讲：商品的价值量与体现在商品中的劳动量成正比，而与劳动生产力成反比。劳动生产力是指劳动生产使用价值的能力。马克思常将劳动生产力与生产力通用。资产阶级及其学者强调的是资本的生产力，而马克思强调一切生产力是劳动的生产力，劳动生产力的高低表现为劳动生产率，生产力的高低可用劳动生产率来测量。劳动生产率的高低表现为同一劳动时间生产使用价值的多少。

劳动生产力的高低由什么决定呢？"劳动生产力是由多种情况决定的，其中包括：工人的平均熟练程度、科学的发展水平和它在工艺上应用的程度，生产过程的社会结合，生产资料的规模和效能，以及自然条件。"[①] 这里讲了决定劳动生产力的五个要素。在《资本论》中，这五个要素都是分别决定社会生产力的要素。马克思没有把生产力局限在二要素、三要素之中。《资本论》中一再讲到科学是生产力，而且讲是生产力的"独立要素"。"生产过程的社会结合"，是指分工协作，也应包含管理、科技创新和管理创新。科学和管理在现代生产力发展中起着日益突出的作用。

劳动生产力的变化与价值的变化密切相关，"劳动生产力越高，生产一种物品所需要的劳动时间就越少，凝结在该物品中的劳动量就越小，该物品的价值就越小，相反地，劳动生产力越低，生产一种物品的必要劳动时间就越多，该物品的价值就越大。可见，商品的价值量与实现在商品中的劳动量成正比地变动，与这一劳动的生产力成反比地变动"[②]。

[①] 《资本论》第一卷，人民出版社 2004 年版，第 53 页。
[②] 《资本论》第一卷，人民出版社 2004 年版，第 53—54 页。

马克思把这个变动状况称作规律。有事实为证,英国工业革命完成后,其劳动生产力大幅提高,有关商品的价值和价格也随之下降。1786年,英国每磅棉纱的售价为38先令,1800年降为9.5先令,1830年再降为3先令,只及1785年的7%。

五、两种含义的社会必要劳动与价值的关系

在《资本论》中,劳动价值论是不断拓展的过程,是由抽象到具体的发展过程。在第一卷第一章讲商品价值时,假定供求关系一致,商品按照由社会必要劳动时间决定的价值出售。这是价值理论中最本质的关系。以后的理论拓展,只是结合具体运行过程的进一步说明。在《资本论》第三卷中,提出了另一种意义的社会必要劳动时间与价值的关系问题。所谓另一种意义的社会必要劳动时间,是指按照市场总需要量生产商品所必要的总劳动时间。《资本论》第三卷第37章《导论》讲:"社会需要,即社会规模的使用价值,对于社会总劳动时间分别用在各个特殊生产领域的份额来说,是有决定意义的。""只有当全部产品是按社会必要的比例进行生产时,它们才能卖出去。社会劳动时间可分别用在各个特殊领域的份额的这个数量界限,不过是整个价值规律进一步发展的表现,虽然必要劳动时间在这里包含着另一种意义。为了满足社会需要,只有这样多的劳动时间才是必要的。"

在这个问题上,我国学界长期存在不同的解读和讨论。有人认为应是第二种含义的社会必要劳动决定价值,否定了原有含义的必要劳动决定价值的观点。有人认为是两种必要劳动时间共同决定价值。其实,只要认真和完整地读一下《资本论》的有关论述,就会否定这个解读。就在同一章的有关论述中,明确指出:"如果这种分工是按比例进行的,那么,不同类产品就按照它们的价值(后来发展为它们的生产价格)出售,……这种比例的破坏使商品的价值,从而使其中包含的剩余价值不能实现。"就是说,如果商品的供给超过了市场需要,商品的价值和剩余价值就不能全部实现。这表明,第二种含义的社会必要劳动时间,只涉及价值的实现问题。

在《资本论》第三卷第十章,论述市场价格和市场价值时,也涉及另一含义的社会必要劳动时间问题。但同时明确指出,这里涉及的是价值实现问题。"要使一个商品按照它的市场价值来出售,也就是说,按照它包含的社会必要劳动来出售,耗费在这种商品总量上的社会劳动的总量,就必须同这种商品的社会需要量相适应,即同有支付能力的社会需要量相适应。"又说:"如果某种商品的产量超过了当时社会的需要,……这些商品必然要低于它们的市场价值出售。"依然是讲价值实现问题。

马克思主义理论研究和建设工程重点教材《马克思主义政治经济学概论》,对两种社会必要劳动时间与价值的关系做了正确的说明:"第一种含义涉及价值决定,第二种含义涉及价值实现。"

第四章 货币的产生和职能

一、从价值形式的发展看货币的产生

商品交换曾经历了一个物物交换过程。货币的产生是商品交换关系发展的自发产物。物物交换也经历了不同的阶段和形式。马克思为说明货币的产生过程，论述了价值形式的发展。所谓价值形式，就是价值的表现形式。商品中的价值，自己表现不出来，只有通过与另一商品的交换才能表现。马克思把价值形式分为四种：简单的、个别的或偶然的价值形式；扩大的价值形式；一般的价值形式；货币形式。

（一）简单的、个别的或偶然的价值形式

这种价值形式是同原始社会末期最初出现的物物交换联系在一起的，带有偶然性。比如1只羊交换60斤谷子，用等式表示：一只羊＝60斤谷子。羊的价值通过谷子表现出来,而且其价值量也通过 60 斤数量的谷子表现出来。羊的价值是通过谷子相对地表现出来的,所以称作相对价值形式。而谷子充当了羊的等价物,所以称作等价形式。等价形式具有三个特点:第一,其使用价值成为价值的表现形式即存在形式,成为价值的化身;第二,其生产的具体劳动成为抽象劳动的表现形式,即"当作抽象人类劳动的化身";等价形式的第三个特点是"私人劳动成为它的对立面的形式,成为直接社会形式的劳动"。马克思讲等价形式的特点,实际上是为后面说明货币的特点做准备,货币在商品交换中,是作为价值的代表或化身起作用的。

(二)扩大的价值形式

随着商品交换的发展,进入交换的商品日益增多。由简单的价值形式发展为扩大的价值形式。每种商品可以和多种商品交换。

1 只羊 = 60 斤谷物;或 = 2 把斧子;或 = 18 尺布;或 = 15 斤盐;或 = 一定量其他商品

商品的种类不断增加,交换的范围不断扩大,价值的表现范围也在扩大,交换价值趋向于价值,这是一种进步。但是,这种价值形式有其局限性。每一种商品都有一个扩大的价值表现系列,没有一个统一的等价形式,这会影响商品交换的顺利进行。比如,有羊的想交换谷物,但有谷物的不要羊,而要斧子,有斧子的不要谷物而要羊。这就需要有羊的先换成斧子,再用斧子换成谷物。多次转手交换,不利于商品经济的发展。随着商品交换范围的进一步扩大,这种不利于直接交换的矛盾更加突出。于是，自发地转向一般价值形式。

（三）一般价值形式

在一般价值形式中，是从商品界中分离出一种商品充当一般等价物，一切商品可直接与它相交换。而作为一般等价物的商品则可以换到任何商品。

$$
\left.\begin{array}{l}
60\text{斤谷物} = \\
2\text{把斧子} = \\
18\text{尺布} = \\
15\text{斤盐} = \\
\text{一定量其他商品} =
\end{array}\right\} 1\text{只羊}
$$

在这个价值形式中，各种商品的价值统一地表现在一种商品上，这个商品成为一般等价物，用它可换到任何商品。这又是一种进步。它克服了扩大价值形式的缺点，促进了商品交换的发展。而且，一切商品价值都是无差别的人类劳动的凝结，没有质的差别也充分地显示出来了。大约在4000年前的夏代，产于南方的一种精致的贝，就在我国北方地区作为一般等价物流行起来了。汉字中许多与财富有关的字，如财、货、贸、贷、贾等都从贝。有些国家曾流行以牲畜作为一般等价物。但是，一般等价物在不同的地区和不同的时期会有不同，没有固定在一件商品上，很不统一。在商品交换的进一步发展中，一般等价物的作用逐渐固定和统一在一种商品上。这种商品的特点应是自身价值较高，易于分割和携带，不易磨损，这样就转向货币形式。

（四）货币形式

货币形式与一般等价形式，没有质的区别，最后，货币材料固定在贵金属即金、银身上，货币出现以后，就出现了商品价格。价格是价值的货币表现，是交换价值的发展形式。货币形式的出现，使整个世界分成两极：一极是作为使用价值存在的各种商品；另一极是作为价值化身的货币。

货币出现以后，商品交换分成两个过程，即买与卖的过程，商品交换也由物物交换转为商品流通过程。

金属货币最初是以块状流通的，交易时需评定其重量和成色，很不方便。后来出现了铸币，有一定的形状，并标明其重量和成色。我国春秋战国时已有了布币、刀币等，秦始皇统一币制，铸造了圆形方孔铜币，后来流通银元。

大宗商品交易需要携带相当重量的金属货币，后来出现了本身没有价值的银行券和纸币。它们可以兑换贵金属货币。许多国家曾为本国纸币规定法定黄金量，纸币的发行如果超过一定的数量就会贬值，发生通货膨胀。《资本论》中提出纸币流通规律："纸币流通的特殊规律只能从纸币是金的代表这种关系中产生。这一规律简单说来就是：纸币的发行限于它象征性地代表的金（或银）的实际流通的数量。"[①]目前，世界各国都以纸币作为货币，不再规定纸币的含金量。

[①]《资本论》第一卷，人民出版社2004年版，第150页。

二、货币的本质和职能

(一) 货币的本质

货币是从商品世界中分离出来的充当一般等价物的商品。各种商品都有自己的特殊使用价值,都是一种特殊商品,贵金属货币原来也是商品世界中的一种特殊商品,但它一旦成为起一般等价物作用的货币,就成为代表一切商品的一般商品。《资本论》中反复讲述这一道理。在《资本论》第一卷第二章《交换过程》中讲:"因为其他一切商品只能是货币的特殊等价物,而货币是它们的一般等价物,所以它们是作为特殊商品来同作为一般商品的货币发生关系。"在第三章中讲货币作为支付手段时,"货币不再是过程的媒介。它作为交换价值的绝对存在,或作为一般商品……"在《资本论》第三卷中又讲:"货币作为独立的价值形式和商品相对立,……所有其他商品都用它的价值来衡量,它也因此成了一般的商品。"[①] 在1857—1858年《经济学手稿》中,马克思一再讲:"货币的属性是……同特殊商品并存的一般商品。"这里明确说明货币的本质属性是"一般商品"。

[①] 《资本论》第三卷,人民出版社2004年版,第584页。

又说:"货币是和其他一切商品相对的一般商品。"① "货币由于是每一种特殊商品在观念上或在实际上采取的一般形式,因而是一般商品。"货币"在一般等价物这一规定中已包含着一般商品的概念规定,而货币只有作为一般商品,才能实现为世界铸币"。②

这里之所以要一再引证马克思的这些话,是因为长期以来,我国的政治经济学教材和有关货币的论著中,将货币的本质规定为"作为一般等价物的特殊商品"。颠倒了马克思的原意。货币成为一般等价物,具有了一种特殊职能,作为货币材料的金银,依然具有特殊使用价值,因此,从其自然属性看,依然是特殊商品,但从社会属性看,货币是一般商品。这里的"一般"不是"普通"之意,而是与一般等价物的"一般"相同的概念,是指货币可以代表一切商品,具有普遍通用之意。

(二) 货币的职能

货币产生以后,其最基本的职能是充当价值尺度和流通手段。以后又扩大了职能,充当贮藏手段、支付手段和世界货币。

1. 价值尺度

货币作为价值尺度,就是用以衡量一切商品的价值大小,如同衡量长度的尺子的作用。货币作为价值尺度衡量商

---

① 《马克思恩格斯全集》第四十六卷上,人民出版社1979年版,第80页。
② 《马克思恩格斯全集》第四十六卷下,人民出版社1979年版,第434、438页。

品的价值，不需要真实的货币出现。而是用观念形式的货币实现其职能。如商店里的商品贴有价格标签，就是货币价值尺度职能的表现。

货币作为价值尺度，必须确定自身的计量单位。这种计量单位就是价格标准。如我国人民币的价格标准的基本单位是"元"，1元分10角，1角分10分。货币的价值尺度职能，是借助于价格标准完成的。

2. 流通手段

货币作为流通手段，需要真实的货币出场。所谓流通手段，就是在商品流通中，货币作为买卖双方的媒介完成交易。可用公式表示：W—G—W，其中W—G是商品出卖的过程，是商品流通的第一个阶段，商品转化为货币。G—W是商品购买的过程，是商品流通的第二阶段，由货币转化为商品。商品流通是个大概念，不是只由买卖双方的交易来界定。市场上有多种商品，各种商品的流通相互联系与交错，同一货币会不停地在多个商品流通中起媒介作用。"每个商品的形态变化系列所形成的循环，同其他商品的循环不可分割地交错在一起，这全部过程就表现为商品流通。"[1] 商品流通是通过货币流通完成的，但货币流通是由商品流通引起的。

在一定时期内的商品流通需要一定量的货币，决定货币流通量的因素有两个：一个是商品价格总额，即各种商品总量与其价格乘积之总和；另一个是货币流通速度。同一货币可以不停地为多次商品交换服务，流通速度越快，货币需要

---

[1] 《资本论》第一卷，人民出版社2004年版，第133—134页。

量越少，用公式表示为：

$$\frac{\text{一定时期内}}{\text{所需货币量}} = \frac{\text{商品价格总额（待售商品总额} \times \text{商品价格）}}{\text{同一单位货币流通速度}}$$

3. 贮藏手段

货币若退出流通领域，作为独立的价值代表，储存起来，就是作为贮藏手段起作用。《资本论》中的贮藏手段是指金银货币，包括金银条块。当代各国货币已割断了与黄金的法定联系。在价格相对稳定下的纸币，也可在较短时期内作为贮藏手段。金银币可长期贮藏，乃至传代。纸币没有这种职能。纸币可以作为储蓄手段。但储蓄手段与马克思讲的贮藏手段有质的不同。贮藏手段是货币退出流通领域，而储蓄手段是居民将货币存入银行，银行会把存款贷放出去，又进入流通领域。

4. 支付手段

在商品赊销赊购过程中，赊购者先购入商品，不付现款，货币延期支付，起支付手段职能。另外，还包括支付赋税、租金、工资等的职能。货币作为支付手段时，流通所需货币量的公式改变如下：

$$\frac{\text{一定时期内}}{\text{流通所需货币量}} = \frac{\text{待售商品} - \text{赊销商品} + \text{到期} - \text{彼此抵消}}{\text{价格总额} - \text{价格总额} + \text{支付总额} - \text{的支付总额}}{\text{同一单位货币流通的速度（次数）}}$$

5. 世界货币

货币越出国界，在国际贸易、国际投资、国际信贷以及其他国际经济活动中，作为国际购买手段、国际支付手段或作为财富的代表将货币转移到国外，就执行世界货币的职能。《资本论》中认为只有贵金属货币才能作为世界货币，这反映以往国际交往的长时期中的实际情况。

在当代商品经济关系中，纸币与黄金完全脱钩。马克思的世界货币理论也需要发展。在现代国际经济关系中，个别或少数经济实力强、金融地位信誉高的国家，其纸币实际上在充当世界货币的职能，如美元、欧元等。

三、商品生产的基本矛盾和价值规律的作用

《资本论》中研究的是私有制度中的商品生产和商品交换问题。因此存在私人劳动和社会劳动的矛盾。每个生产者，不管是个体小商品生产者还是私人资本主义企业，生产什么、生产多少，都是由私人决定的事情。但商品的使用价值是为他人需要而生产的，是社会使用价值，所以每个生产者都要考虑市场的需要。商品在质与量上符合社会需要，会全部卖得出去，可以获得厚利。质或量不符合市场需要的商品，卖不出去或不能全卖出去，就会亏损。由于生产同一种商品的生产者很多，谁也弄不清市场需求量究竟是多少，也弄不清同行诸生产者生产多少同类商品，所以社会生产存在着自发性和盲目性，市场上会经常出现供求不平衡的问题，或是供不应求，价格上涨，或是供过于求，价格下落。这是私有制商品生产中私人劳动和社会劳动矛盾的表现。每个私有生产者进行生产，其劳动是私人劳动，但其产品是用于社

会消费的。因此他的劳动是社会所需总劳动的构成部分,是社会劳动。若同一部门私人劳动总量与社会所需劳动总量相一致,则商品供给量与需求量相平衡,价格与价值相一致。但在私有制商品生产中,私人劳动量与社会所需劳动量难以一致,存在矛盾,这就会产生商品市场上经常存在的供求矛盾现象。

在社会主义公有制商品经济中,虽然不是私人生产,但也存在各单位个别劳动和社会劳动的矛盾。同样会出现供求不一致、价格涨落的情况。

在商品生产中,尽管生产者难以准确判断市场需求状况和价格变动趋势,存在着生产的自发性和盲目性,但商品生产和交换过程依然正常运行着。这是因为价值规律起着调节作用。所谓价值规律,就是商品价值由社会必要劳动时间决定,商品按价值进行交换的规律,如果用一句话表述,就是:商品按照由社会必要劳动时间决定的价值进行交换的规律。无论简单商品经济、资本主义商品经济,还是社会主义商品经济[①],价值规律都起着调节作用。价值规律调节生产,主要是通过由供求机制、竞争机制形成的价格机制来调节生产和供给,生产什么、生产多少,要看市场价格信号传递的信息。所谓商品按价值交换,不是从每次交换过程来讲的,而是从较长时期多次交换过程着眼的。当商品供过于求,价格降到商品价值以下时,价值规律会促使供给减少,价格上升;当商品供不应求,价格会上升到价值以上时,价值规律

---

① 在《资本论》和马、恩的其他著作中,没有"商品经济"的概念,只讲商品生产、商品交换、商品流通、货币流通等。在列宁的著作中,经常应用商品经济概念。其实,商品经济就是商品生产与商品流通的总称。

会促使供给增加，价格下降。价格涨落始终是围绕着价值这个中心运转的，商品按价值交换，是价格运行中的平均数。

价值规律调节生产，就是价值规律决定资源配置，与现在所讲的市场决定资源配置是一回事。当代经济运行中的资源配置有两种方式：一是实行计划经济，由计划配置；二是实行市场经济，由市场配置。包括我国在内的社会主义国家，曾长期实行计划经济，暴露出种种弊端，通过改革，实行市场经济。市场经济是市场起决定资源配置作用的商品经济。市场经济与资本主义制度相结合，是资本主义市场经济；与社会主义制度相结合，是社会主义市场经济。由社会主义市场经济取代计划经济，是马克思主义的发展。马克思主义经典作家曾认为社会主义会消除商品生产，由计划调节生产、交换与分配。价值规律失去其调节经济的作用。社会主义实践证明，社会主义还需要保持和发展商品经济，需要利用和发挥市场配置资源的有效作用，需要实行社会主义市场经济。

价值是价格的基础，价格是价值的货币表现。在供求关系一致的情况下，价格会与价值相一致。但供求关系是经常不一致的。所谓供求关系的一致或平衡，实质上是一定时期内供过于求和求过于供的平均数。而供求平衡和价格与价值相一致，是通过价值规律的作用实现的。

价值规律调节生产，自发地使社会生产资源合比例地分配于不同的部门，使各部门的供给与需求趋于平衡。这正是价值规律配置资源的作用。与我们现在讲市场决定资源配置是一样的事情。马克思说："事实上价值规律所影响的不是个别商品或物品，而总是各个特殊的分工而互相独立的社会生产领域的总产品；因此，不仅在每个商品上只使用必要的劳动时间，而且在社会总劳动时间中，也只把必要的比例量使用在不同类的商品上。"①

---

① 《资本论》第三卷，人民出版社2004年版，第716页。

第五章 剩余价值生产

一、货币转化为资本，劳动力成为商品

资本主义经济是在商品货币关系发展的基础上产生和发展起来的。这里所讲的资本主义经济，是指产业资本或工业资本主义经济。奴隶社会和封建社会就有商业资本和生息资本，但并不是资本主义经济。只有工业资本成为经济生活中主导，才进入资本主义社会经济制度。因此，讲货币转化为资本，是指转化为工业资本或产业资本，产业资本是从事生产的资本。

每个资本主义企业都需要具有一定的资本，资本的最初形式是货币，货币成为资本，需要一定的条件，那就是将货币投入市场，不但能买到所需要的生产资料，还需要买到劳动力，也就是劳动力成为商品。

劳动力成为商品，意味着劳动者失去了生产资料，也失去了生活资料来源，只好以出卖劳动力为生。这同时意味着

劳动者具有了人身自由,有权利出卖自己的劳动力。所以劳动力成为商品,以具有两个条件为前提:一是具有人身自由;二是失去生产资料。《资本论》第四章专门分析了这个方面的问题。

货币转化为资本,劳动力成为商品,也就表示:生产资料与劳动力结合的方式采取了资本与雇佣劳动相结合的资本主义生产方式。马克思认为,劳动力成为商品,劳动者就成为雇佣劳动者,从事为资本服务和受资本统治的雇佣劳动。

(一) 劳动力商品的价值

与任何商品一样,劳动力也具有价值和使用价值。但劳动力是一种特殊商品,它的价值和使用价值具有不同于普通商品的特点。劳动力商品的价值是由生产和再生劳动力所需要的社会必要劳动时间决定的。由于劳动力存在于人的身体之中,因而劳动力的生产和再生产,就是劳动者的生存与再生产。劳动者生存与再生产,需要一定的生活资料,因此,生产和再生产劳动力所需要的社会必要劳动时间,也就是维持劳动者生存和再生产所必需的生活资料的价值。这包括:(1) 维持劳动者自身生存所必需的生活资料价值,以生产和再生产劳动力;(2) 劳动者繁殖后代所必需的生活资料价值,以延续劳动力的供给,也属于再生产劳动力的需要;(3) 劳动者接受教育和训练所支出的费用。

与其他商品的价值决定比较,劳动力商品的价值决定具有特殊性:它包含着历史和道德的因素。不同的国家,不同的历史时期,经济文化发展的水平不同,风俗习惯不同,劳动者所需要生活资料的状况也不同。随着经济文化的发展，所需生活资料的数量会增加，质量和结构会发生变化。不过，在一定的国家的一定历史时期中，必要的生活资料是一个可确定的量，可作为决定劳动力价值量的标准。

（二）劳动力商品的使用价值

劳动力商品的使用价值具有特殊性，普通商品的使用价值在消费过程中消失掉，其价值也随之消失。劳动力的使用价值就是进行劳动的能力，对劳动力的消费过程，就是劳动过程，而劳动会形成价值。因此，劳动力商品使用价值的特殊性就在于它是价值的源泉。劳动力商品的使用价值能为它的购买者创造剩余价值。正因为如此，劳动力成为商品是货币转为资本的前提。

劳动力的买卖也遵守等价交换原则。因此，在商品流通领域，通行着资产阶级宣扬的自由、平等、所有权。但劳动力一旦随购买者进入生产领域，情况就发生了变化。"一离开这个简单流通领域或商品交换领域，……就会看到，我们的剧中人的面貌已经起了某些变化。原来的货币占有者成了资本家，昂首前行；劳动力的占有者作为他的工人，尾随于后。一个笑容满面，雄心勃勃；一个战战兢兢，畏缩不前，像在市场上出卖了自己的皮一样，只有一个前途——让人家来鞣。"①

---

① 《资本论》第一卷，人民出版社2004年版，第205页。

二、绝对剩余价值生产

资本主义生产过程，是劳动过程与价值增殖过程的统一。劳动过程是具体劳动运用生产资料生产产品的过程；价值增殖过程是抽象劳动生产价值和剩余价值的过程。

（一）劳动过程和剩余价值生产过程

劳动过程的简单要素是：劳动、劳动对象和劳动资料，也就是劳动加生产资料。要注意：这里讲的劳动过程的三要素，是"简单要素"，不是固定的全部要素。是任何社会的劳动过程都必有的最基本的要素。随着生产劳动的发展，会有新的劳动要素增加，如分工协作、科学技术等。劳动过程并不是《资本论》的研究对象，但它是价值增殖即剩余价值生产的条件，所以要进入研究的范围。

资本主义生产的目的，不是生产使用价值用于自己消费，而是追求剩余价值。马克思说，资本主义生产方式的实质是剩余价值生产。剩余价值规律是资本主义的基本规律。

剩余价值是怎样生产出来的？马克思先分析了价值形成过程，再分析了价值增殖过程即剩余价值生产过程。假定一个资本家开皮鞋生产工厂，生产一双皮鞋消耗的生产资料为120元，劳动力一天的价值为50元，假定制鞋工人一天劳动5小时所创造的新价值也是50元，一双皮鞋的价值为170

元。如果工人只劳动 5 小时，资本家支出生产资料价值 120 元，加上劳动力价值 50 元，共 170 元，与一双皮鞋的价值相等。资本家收入和支出一样多，无利可图。这是价值形成过程，而没有价值增殖。资本家不会到此为止，他购买了一天的劳动力，要充分消费，他有权让工人劳动 10 小时，生产出两双皮鞋。生产资料支出 240 元，劳动力支出 50 元，共 290 元。工人 10 小时劳动创造出新价值 100 元。两双皮鞋的价值共 340 元，资本家可获得 50 元的剩余价值。价值形成过程转化为价值增殖过程，"劳动力使用一天所创造的价值比劳动力自身一天的价值大一倍，这种情况对买者是一种特别的幸运"。①

靠延长劳动时间而获取的剩余价值，称绝对剩余价值。工人在一个工作日内的劳动时间分两部分，即必要劳动时间和剩余劳动时间。必要劳动时间是再生产劳动力价值的时间，依上例是 5 小时。剩余劳动时间是在必要劳动时间以外延长的劳动时间，剩余劳动时间创造剩余价值。依上例，也是 5 小时。剩余劳动时间越长，提供的剩余价值越多。

（二）不变资本和可变资本

资本家开工厂，办企业，要垫付资本，一部分用于购买生产资料，另一部分购买劳动力，支付工资。固然，商品价值是劳动创造的，但光有劳动没有生产资料创造不出一元价值来。生产资料是生产商品的必要条件，也是创造价值的物

---

① 《资本论》第一卷，人民出版社 2004 年版，第 226 页。

质条件,但生产资料的原价值是多少就是多少,纺纱用的棉花不会在生产中增大自己的价值。棉花被消耗了,变成棉纱,棉花的原有价值转移到棉纱中去。而纺纱机可在生产中使用多年,假如可使用10年,其价值为1000元,每年按照消耗的比例转移其价值100元,其价值也不会变大,因此,用于生产资料的资本,在生产中不会增大其价值,产生剩余价值,故称不变资本(c)。而用于劳动力的资本,是个可变量,劳动力在生产过程中发挥作用的结果,不仅再生产出劳动力的价值,而且生产出剩余价值(m)。因此,转化为劳动力的这部分资本,称作可变资本(v)。

(三) 剩余价值率 (m')

剩余价值与可变资本的比率即 $\dfrac{m}{v}$,是剩余价值率。它表示资本家剥削工人的程度。假定可变资本(v)为500元,剩余价值(m)为500元,剩余价值率 $m' = \dfrac{500}{500} = 100\%$。

三、相对剩余价值生产

绝对剩余价值生产和相对剩余价值生产,是剩余价值生产的两种方法。绝对剩余价值生产,是在必要劳动既定的前提下,通过延长工作日的长度而产生剩余价值,相对剩余价值生产是在一个工作日的劳动时间既定条件下，改变必要劳动时间和剩余劳动时间的比例，即缩短必要劳动时间，相对延长剩余劳动时间，增加剩余价值量。原来工作日10小时，必要劳动时间和剩余劳动时间各为5小时。现在，如果将必要劳动时间缩短为4小时，剩余劳动时间就扩大为6小时。依前例，工人1小时创造新价值10元，剩余价值就由原来的50元增至60元，而劳动力价值降为40元。

劳动力价值的降低，不是指克扣工资、压低劳动力价格，而是指劳动力自身的价值降低。劳动力的价值，是维持工人及其家属生活所必需的生活资料的价值。因此，降低劳动力的价值就必须提高生产生活资料的劳动生产力。因为劳动生产力与单位商品的价值成反比，而"相对剩余价值与劳动生产力成正比"。

四、超额剩余价值

前面的章节中已讲过，商品价值由社会必要劳动时间决定。个别劳动时间如果超过社会必要劳动时间，其较多的个别劳动时间只能被折算为较少的社会必要劳动时间。反之，其个别劳动时间少于社会必要劳动时间，会被折算为较多的社会必要劳动时间。在资本主义生产中，同一部门之中不同企业的劳动生产率高低不等。首先利用先进技术设备的企业，其生产商品的个别劳动时间少于部门平均必要劳动时间，其较少的商品个别价值，被市场认定为较多的社会价值，可获得超额剩余价值。超额剩余价值高于部门平均条件下所获得的剩余价值。

超额剩余价值的来源是什么？学界有不同的解读：有人认为先进企业的超额剩余价值是来源于落后企业剩余价值的转移。其实，《资本论》中已做过明确说明："生产力特别高的劳动起了自乘的劳动的作用，或者说，在同样的时间内，它所创造的价值比同种社会平均劳动更多。"① 就是说，超额剩余价值是本企业工人的劳动创造的，由于劳动生产力高，工人的劳动起了"自乘的"即加倍的作用。

五、资本主义工资的本质和形式

工人出卖劳动力，获得工资，从现象上看，工资是劳动价值或价格，多劳多得，少劳少得。似乎工人创造的价值，以工资的形式去全部获得。而资本家的高额利润（剩余价值的表现形式）被看作是由资本创造的。其实，这是掩盖了本质关系的现象形式。工资不是劳动价值和价格，而是劳动力的价值和价格。马克思把资本主义工资称作"劳动力价值或价格的转化形式"，就是说，它本质上是劳动力的价值或价格，但转化为虚假的劳动价值或价格了。

---

① 《资本论》第一卷，人民出版社2004年版，第370页。

（一）计时工资与计件工资

计时工资是按一定的劳动时间支付的工资，一般是月工资。也有按日计算和按小时计算的日工资和小时工资。在马克思生活的年代，英国工人每天劳动的时间经常达12小时，有时超过12小时，只是因为工人必须睡觉、吃饭等，劳动时间才不能任意延长。资本家购买了劳动力，就有充分消费的权利，就要尽可能延长劳动时间。后来经历了工人运动，进行争取缩短工作日的斗争，工作日的时间才减少下来。而且随着当代劳动生产力的大幅提高，资本家即使缩短劳动时间，也可以获得高额利润，资本家更注重发挥工人的劳动效率。

计件工资是按工人完成的产品数量计算工资。计件工资是计时工资的转化形式。按照一般工人一天能完成的最高产品数额和一天的工资额，确定每件产品的计件工资。工人为多得工资，愿主动多生产产品，提高劳动效率。当劳动效率提高、生产每件产品的劳动耗费减少时，资本家会降低每件产品的工资额。实行计件工资，既提高了工人的主动性，又可以减少资本家监督劳动支出。

（二）名义工资、实际工资、相对工资

无论计时工资或计件工资，都是货币工资。货币工资是名义工资，工人的实际收入不能只用名义工资来衡量。如果名义月工资增加了10%，由2000元增加到2200元，但物价

上涨了20%，工人用2200元的工资所能买到东西不是增加，而是减少10%。所以对工人来说，更重视实际工资。实际工资就是工人用货币工资实际能买到的物品数量。在物价既定的情况下，名义工资与实际工资的变动是一致的。在物价上涨的情况下，名义工资不变或提高，实际工资可以降低。在物价下落的情况下，名义工资不变，实际工资提高。

相对工资是与资方收入增加相比较的工资。如果随着劳动生产力的提高，物价和劳动力的价值降低，工人生活水平不变，但资方的收入更多更快地增加了，相对工资相应降低。马克思说："虽然工人生活的绝对水平依然照旧，但他的相对工资以及他的相对社会地位，也就是与资本家相比较的地位，却下降。"[①]

[①]《马克思恩格斯选集》第二卷，人民出版社1995年版，第87页。

第六章 资本的积累过程

一、简单再生产和扩大再生产

资本主义简单再生产是指资本家把剩余价值全部用于个人消费，再生产在原有的规模上进行。简单再生产是物质资料的简单再生产和生产关系的简单再生产。简单再生产是扩大再生产的基础。资本主义再生产的特点是扩大再生产。

资本主义扩大再生产，是把剩余价值的一部分转化为资本，进行资本积累。剩余价值是资本积累的重要源泉，但不是唯一源泉，因为后面会讲到，资本的折旧费也可用作积累。扩大再生产是物质资料扩大再生产和资本主义生产关系扩大再生产的统一。马克思提出，在扩大再生产中，"商品生产所有权规律转变为资本主义占有规律"。所谓商品生产所有权规律，就是资方承认工人的劳动力所有权，而工人承认资方的资本所有权，资本与劳动力等价交换。但是进入扩大再生产过程后，资本家用无偿占有工人的剩余价值的一部分，购买追加的劳动力，而让工人生产出更多的剩余价值为资本家占有。这种占有是在遵守商品生产所有权规律和价值规律的前提下实现的。以此揭示资本主义扩大再生产和资本积累的实质。

二、影响资本积累的因素

资本积累是资本主义生产的客观必然过程。资本积累的内在动力是对剩余价值的无限追求；进行积累的外在压力是资本间的竞争。

影响资本主义积累的因素是：

第一，对工人的剥削程度。剥削程度越高，占有的剩余价值越多，用于积累的剩余价值也就越多。

第二，劳动生产力的提高。相对剩余价值和超额剩余价值的产生和增加，是提高劳动生产力的结果。

第三，所使用资本和所耗费资本之间差额的扩大。在资本主义生产中，所使用的机器、建筑物和各种工具的数量在增加，它们是整体执行生产职能，而逐渐转移其价值的。假定一台机器使用10年，价值1万元，每年转移价值1000元。若机器增加为10台，每年转移价值为1万元折旧费。这1万元又可以买一台机器，扩大生产。折旧基金成为积累基金。机器的价值虽然逐年转移，但其作用并不随价值减少而降低。"它们越是整个地被使用，而只是部分地被消费，那么它们就越是像我们在上面所说过的自然力，如水、蒸汽、空气、电力等等那样，提供无偿服务。"机器继续在整体上为生产服务，其转移的价值则作为积累的要素，用于扩大生产。

第四，预付资本的量的增大。预付资本越大，资本积累的规模也越大。在资本积累不断扩大，劳动生产力不断提高的情况下，资本家的消费基金可以绝对增加而相对减少，以增大积累基金，而资本家可以继续过更富裕的生活。

三、资本有机构成和相对人口过剩

（一）资本有机构成

资本的构成分两个方面。一方面，从物质形态看，资本是由一定数量的生产资料和劳动力构成的，它们之间的构成比例是由一定的技术水平决定的。这种反映生产技术水平的生产资料和劳动力之间的比例，叫作资本的技术构成。另一方面，从价值形态看，生产资料的价值表现为不变资本，劳动力的价值表现为可变资本，因而，资本又是以一定数量的不变资本和可变资本构成的，它们之间的构成比例，叫作资本的价值构成。资本的价值构成以技术构成为基础，这种由资本的技术构成所决定并反映资本技术构成变化的资本价值构成，叫作资本的有机构成，用公式 c：v 表示。

（二）资本积聚和集中

在资本主义生产发展中，随着劳动生产力的提高，资本的有机构成也在不断提高。而资本有机构成提高，必然伴随着单个资本的增大。

单个资本的增大，是通过资本积聚和集中实现的。资本积聚与资本积累紧密联系。资本积累是剩余价值资本化，资本价值的增大；而资本积聚是随着资本价值增大表现为生产资料的相应增多和劳动力的一定增加。

资本集中是由原来众多的中小资本合并为少数大资本，既可以通过大资本吞并小资本的形式实现，也可以采取组织股份公司的形式实现。

（三）相对人口过剩

相对人口过剩，是指相对于资本积累的需要来说，劳动者出现"过剩"，产生失业大军。相对过剩人口的形成，同资本积累中资本有机构成的提高有密切关系。资本有机构成提高，表现为不变资本绝对和相对地增加，而可变资本相对减少，所以所需工人数相对减少。但社会总资本和可变资本总额在绝对增加，所以就业工人的绝对数也会增加，但相对于资本的扩大来讲，出现相对人口过剩，即失业人口的经常存在。

相对过剩人口的存在，既是资本主义生产发展的结果，又是资本主义生产方式存在和发展的条件。这是因为：第一，当资本扩张、经济繁荣需要更多劳动力时，可以随时从失业人口中得到补充；第二，大量失业人口的存在，加压力于在业人口，便于资本家加强对在业工人的统治和剥削。

四、资本主义积累的一般规律和历史趋势

（一）资本主义积累的一般规律

《资本论》中提出和论述了资本主义积累的一般规律："执行职能的资本越大，它的增长的规模和能力越大，从而无产阶级的绝对数量和他们的劳动生产力越大，产业后备军也就越大。……产业后备军的相对量和财富的力量一同增长。但是，同现役劳动军相比，这种后备军越大，常备的过剩人口也就越多，他们的贫困同他们所受的劳动折磨成反比。最后，工人阶级中贫苦阶层和产业后备军越大，官方认为需要救济的贫民也就越多。这就是资本主义积累的绝对的、一般的规模。"① 这一规律说明：发挥作用的资本越大，劳动生产力越高，无产阶级的绝对数量越多，产业后备军即失业工人数也就越大。工人的"贫困同他们所受的劳动折磨成反比"，就是说，现役工人在资本的车轮下受折磨，但可以获得工资，减少贫困；当他们失业成为产业后备军时，不

---

① 《资本论》第一卷，人民出版社2004年版，第742页。

受劳动折磨了，但没有收入，要忍受贫困。劳动折磨大，贫困小；劳动折磨小或不受折磨了，贫困大，成反比。总的趋势是，产业后备军在增大，需要救济的贫民在增多，这是资本主义积累的客观必然规律。

（二）资本主义积累的历史趋势

资本积累曾经历了"原始积累"的阶段。这在英国表现得最典型。《资本论》第一卷专设《所谓原始积累》一章，具体论述了英国广大个体自耕农民被残酷剥夺土地，迫使其变为雇佣工人的过程。原始积累是资本的起源，是资本主义生产方式的起点。

进入资本主义时期中的积累，是剩余价值资本化。资本积累不断扩大，生产社会化的程度也日益提高。生产社会化和资本主义私有制的基本矛盾不断加深，表现为周期性的经济危机发生。同时，工人阶级也联合与组织起来，进行反抗资本主义的斗争。"生产资料的集中和劳动的社会化，达到了同它们的外壳不能相容的地步，这个外壳就要炸毁了。"[①]

资本主义私有制，是对以自己劳动为基础的个体劳动者的私有制的否定，而资本主义私有制又要由被社会主义的"社会所有制"即公有制所否定。这是三种生产资料所有制的否定的否定。《资本论》中指出对资本主义私有制的否定，"不是重新建立私有制，而是在资本主义时代成就的基础上，……在协作和对土地及靠劳动本身生产的生产资料的

[①] 《资本论》第一卷，人民出版社2004年版，第874页。

共同占有基础上，重新建立个人所有制"。学界对这段话中的"重新建立个人所有制"的含义有不同解读，主要有两种解读：一种是认为社会主义所有就是生产资料公有制，生活资料个人所有制。这种解读不符合马克思的原意。另一种是笔者赞同的解读。认为不存在重建生活资料个人所有制问题，因为资本主义并没有消灭生活资料个人所有制。而且，经过考证，马克思在许多地方提及个人所有制，都是指的生产资料个人所有制，马克思从来没有提过生活资料个人所有制概念。再者，不能用社会主义生活资料个人所有制去否定或消灭资本主义生产资料私有制。马克思讲的重新建立个人所有制，是从另一角度看的生产资料公有制。也就是从劳动者总体共同占有生产资料来看，是社会所有制即公有制。但劳动者总体是由诸多劳动者个人组成的。公有制也不是抽象的，而是与每个劳动者的切身利益相关的。因此，从这个角度看，公有制是组成为社会主义联合体的诸多劳动者的个人所有制。马克思把个人所有制分为两类：一类是"孤立的、单个人的个人所有制"，是指个体农民和手工业者的私有制；另一类是"联合起来的社会的个人的所有制"，是与社会主义公有制一致的个人所有制。

马克思在"重新建立个人所有制"的后面，紧接着讲："以个人自己劳动为基础的分散的私有制转化为资本主义私有制，同……资本主义所有制转化为社会所有制比较起来，自然是一个长久得多、艰苦得多、困难得多的过程。前者是少数掠夺者剥夺人民群众，后者是人民群众剥夺少数掠夺者。"这就是说，资本主义私有制取代个体劳动者的私有制，是一个比较长久和困难得多的过程，因为是少数人掠夺广大人民群众的过程。这种掠夺是以血和泪写入文明史的。而社会主义以公有制取代资本主义私有制，则是比较容易的过程。只要劳动人民取得政权，以公有制取代资本主义私有制是一个比较简单得多的过程。

第七章 资本的循环与周转

一、资本的循环

资本是在不断运动中保存和增殖自己的。资本的运动形成资本的循环与周转过程。

资本的循环经过三个阶段。第一个阶段是资本家用货币购买生产资料和劳动力，用公式表示为：G—W，G 代表货币，W 代表商品。第二个阶段是进入生产过程，用…P…表示。虚线表示流通过程中断。第三个阶段是资本家作为商品的出卖者进入市场，将商品转化为货币，用公式表示为 W′—G′，表示是增殖了的商品和货币。因此，资本循环的公式是：G—W…P…W′—G′。这里所讲的是产业资本的循环。它购买的商品包括生产资料和劳动力。因此，资本循环的三个阶段的公式应是 $G—W < \genfrac{}{}{0pt}{}{A}{P_m} \cdots P \cdots W'—G'$。其中 A 代表劳动力，$P_m$ 代表生产资料。

产业资本在循环中经过购买、生产、销售三个阶段，分别采取货币资本、生产资本和商品资本三种职能形式。其出发点是 G，回归点也是 G，所以形成资本的循环。但回归的 G 是 G′，是带有剩余价值的货币。

资本的运动不是经过三个阶段就会停止。它会不断地依次经过三个阶段，形成货币资本的循环、生产资本的循环和商品资本的循环。用公式表示如下：

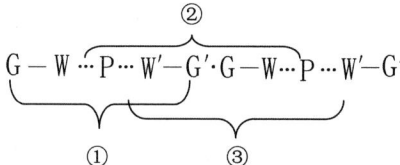

其中①、②、③分别为货币资本的循环、生产资本的循环和商品资本的循环。产业资本的循环，是三种循环的统一与并存。产业资本必须同时存在于三种职能形式。产业资本的三种职能形式是在空间上并存和时间上继起的，而且是互为前提的。只有这样，资本的循环才能顺利进行，资本才能在不断地运动中源源不断地为资本家生出金蛋——剩余价值。

二、资本的周转

（一）资本的周转和周转速度

资本的不断循环形成资本的周转。就是说，资本循环作为周而复始、连续不断的过程时,就是资本的周转。

考察资本循环和考察资本周转的角度和目的是不同的。考察资本循环是从资本职能形式的转换的角度来看资本的运动,以揭示资本运动必须具备的条件和怎样才能促进资本循环的顺利进行。而考察资本的周转,是从资本价值增殖的角度来看资本的运动,要研究资本周转的速度及其对价值增殖的影响。

资本周转速度,是指其周转的快慢。可用周转时间和周转次数这两个尺度加以计量。

资本周转时间,是资本总价值周转一次的时间。周转时间的短长,表明周转速度的快慢。在一定时间内,资本周转次数越多,表明周转时间越短、周转速度越快。

资本周转次数,是指总资本价值在一年中周转的次数。如果用 U 表示周转时间的计量单位一年,用 u 表示资本的周转时间,用 n 表示资本的周转次数,那么 $n = \dfrac{U}{u}$。假定周转一次的时间为 3 个月,那么 $n = \dfrac{12}{3} = 4$,即资本在一年中周转 4 次。如果 u = 18 个月,那么 $n = \dfrac{12}{18} = \dfrac{2}{3}$,即一年周转 $\dfrac{2}{3}$ 次。

资本周转快慢,影响到同量资本在一定生产时期内所获剩余价值的多少。周转越快,表示资本的压榨的磨盘转得越快,在一年内可以获得更多的剩余价值。

(二) 固定资本和流动资本

讲资本的周转速度,会引出固定资本和流动资本问题。

影响资本周转速度的,首先是资本的生产时间和流通时间。但生产资本的结构也是影响周转速度的重要因素。生产资本的构成,是指在生产领域中固定资本和流动资本的构成。二者的划分是按照它们在价值流通和周转方式上的不同确定的。

固定资本是指以机器、厂房、工具等劳动资料的形式存在的生产资本。这部分资本在物质形式上长期全部参加生产过程,且逐步转移其价值。它们在多次生产过程中反复发挥作用,在长时期中保持其固有的物质形态不变。但固定资本会产生物质磨损和精神磨损。物质磨损包括两方面:一是由于使用的磨损,逐渐消耗;二是自然磨损,机器设备和厂房等会受自然侵蚀而产生损耗。精神磨损是指随着生产力的发展和科技进步,新的效率更高而价值更低的机器、工具等生产出来,原有的生产资料的价值会贬损。

流动资本是指以原料、辅助材料、燃料等生产资料形式存在的生产资本。它们在实物上全部参加生产过程,在一次生产过程中全部消耗掉,其价值也一次转移到新产品中。随着商品的销售,它们的价值也全部周转回来。转化为劳动力的生产资本,它的价值不是转移到新产品中,而是由工人的劳动再生产出来的。但资本家支付劳动力的工资,也是从资本的循环与周转中一次收回来。这类生产资本循环与周转的特点,称作流动资本。

(三) 预付资本的总周转

固定资本和流动资本的周转速度不同,而预付总资本的周转速度怎样测定呢？应是固定资本与流动资本的平均周转。可用下列公式表示：

$$\text{预付资本一年中的总周转次数} = \frac{\text{一年中固定资本周转的价值额} + \text{一年中流动资本周转的价值额}}{\text{预付资本总额}}$$

可以看出，影响预付总资本速度的因素有两个：一个是固定资本在总资本中各自所占比例，固定资本占比越大，总周转越慢；另一个是固定资本与流动资本各自周转的速度。

（四）年剩余价值量和年剩余价值率

年剩余价值量就是资本在一年中所获取的剩余价值总量。由于剩余价值来源于可变资本，因此，可变资本的周转速度越快，同量资本可雇佣的劳动力越多，一年中产生的剩余价值量也越多。年剩余价值量与可变资本周转次数的关系可表示为 $m = m' \cdot v \cdot n$。其中 m 表示年剩余价值量，m' 表示年剩余价值率，v 表示预付可变资本，n 表示可变资本周转次数。可以看出，年剩余价值量与可变资本的周转成正比。

年剩余价值率就是年剩余价值量与预付可变资本的比率，可表示为 $m' = \frac{m}{v}$。

其中 m' 表示年剩余价值率，m 表示年剩余价值量，v 表示一年支出的可变资本量。年剩余价值率所表示的是预付可变资本一年中的增殖程度，也就是一年中资本对劳动的剥削程度。

第八章 社会总资本的再生产和流通

一、社会总资本的再生产不同于单个资本的再生产的特点

前面章节中,已论述了资本主义简单再生产和扩大再生产。那是从单个资本的运动过程考察的。这里,是从社会总资本运动的视角研究资本的简单再生产和扩大再生产的。

社会总资本的运动,是由单个资本运动的总体构成的。但是,研究社会总资本的运动,可以从宏观经济的角度发现社会经济发展中的一些重要的规律性。考察单个资本的运动时,重在考察资本价值的循环和周转,考察价值的付出与回归以及价值的增殖。而考察社会总资本的运动时,不仅要考察各生产部门所耗费的资本价值怎样获得补偿,而且还要考察实物的补偿。比如,消耗了的生产资料从哪里获得补偿,扩大生产时,所需的追加生产资料从哪里获得。另外,资本家和工人所需要的生活资料从哪里和怎样获得。要研究,在

社会总资本的再生产中，需要具备什么条件，所生产的生产资料和消费资料怎样才能正好符合社会需要。

二、社会总资本的简单再生产

为了分析社会总资本的再生产，马克思把社会生产分为两大部类：生产生产资料的部类（Ⅰ）和生产消费资料的部类（Ⅱ）。先考察简单再生产条件下，两大部类的关系。

Ⅰ 4000c + 1000v + 1000m = 6000
Ⅱ 2000c + 500v + 500m = 3000

考察两大部类的关系，既要考察两大部类的全部产品及其价值怎样实现的问题，又要考察消耗了的生产资料和所需消费资料在实物和价值上获得补偿的问题。从上图式可以看出：第一部类生产的商品 6000 是生产资料。第二部类生产的商品 3000 是消费资料。第一部类的 4000c 继续留在第一部类，以补偿消耗了的生产资料。但其中的 1000v 和 1000m 在实物上是生产资料，需要换成工人和资本家所需要的消费资料。第二部类的 500v 和 500m，在实物上是消费资料，可供本部类的工人和资本家享用。但其中的 2000c，在实物上是消费资料，不能用以补偿所消耗了的生产资料。这就需要两大部类之间进行交换，那就是 Ⅰ(v+m) = Ⅱ(c)，即 Ⅰ(1000v + 1000m) = Ⅱ2000c。通过这种交换，社会总产品全部实现，在物质上和价值上都获得补偿。

Ⅰ(v+m) = Ⅱ(c)，是社会总资本简单再生产得以实现的条件。从这个等式中还可推演出第二个等式：Ⅰ(c+v+m) = Ⅰc + Ⅱc。这表示，第一部类全部产品（生产资料）6000，能够在实物和价值上补偿两大部类所消耗了的生产资料。

从上述关系中还可推出第三个等式：Ⅱ(c+v+m) = Ⅰ(v+m) + Ⅱ(v+m)。这表示，第二部类的全部产品（消费资料），能够在实物和价值上满足两大部类工人和资本家的消费需要。上述等式，就是社会总资本简单再生产的实现条件。

三、社会总资本的扩大再生产

简单再生产是扩大再生产的基础。资本主义再生产，无论单个资本再生产还是社会总资本再生产，其特点是扩大再生产。扩大再生产，就要有追加的不变资本和可变资本。两大部类的关系和实现条件就有新的变化。

追加不变资本，就是要追加生产资料，这需要第一部类提供。追加可变资本就是要追加消费资料。这样，第一部类生产的生产资料，在实物和价值上要大于两部类原有的生产资料，用公式表示为Ⅰ(c+v+m) > Ⅰc + Ⅱc，可简化为Ⅰ(v+m) > Ⅱc。马克思提供了社会总资本扩大再生产的图式：

Ⅰ 4000c + 1000v + 1000m = 6000

Ⅱ 1500c + 750v + 750m = 3000

这一图式中，Ⅰ（1000v + 1000m）＞ Ⅱ1500c，符合Ⅰ（v + m）＞ Ⅱc 的条件，即具备了扩大再生产的条件。

假定第一部类的积累率为 50%，即资本家把剩余价值 1000 中的一半用于积累，另一半用于消费。再假定 c:v 的比例不变，那么，用于积累的 500m 就转化为追加的不变资本 400Δc 和追加的可变资本 Δv。这样，第一部类年产品的价值按照扩大再生产的需要，重新组合如下：

Ⅰ（4000c + 400Δc）+（1000v + 100Δv）+ 500m = 6000

可简化为：Ⅰ 4400c + 1100v + 500m = 6000

第二部类也需要有追加的不变资本与可变资本，而新形成的资本结构应与第一部类的资本结构相协调。需要从 750 的剩余价值中拿出 100 追加不变资本，拿出 50 追加可变资本。其图式如下：

Ⅱ（1500c + 100Δc）+（750v + 50Δv）+ 600m = 3000

可简化为：

Ⅱ 1600c + 800v + 600m = 3000

在扩大再生产条件下，两大部类的关系和总产品的实现条件如图 8-1 示。

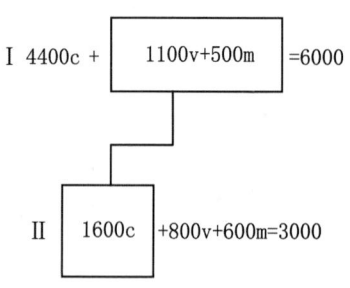

图 8-1 两大部类的关系和总产品的实现条件

第一部类以生产资料形式存在的4400c可在本部类不同部门和企业之间实现，并获得实物和价值的补偿。第二部类以消费资料存在的800v+600m，可供本部类的工人和资本家用于生活需要在本部类实现。第一部类（1100v+500m）在价值上是用于工人和资本家消费需要的，但在实物上是生产资料。第二部类的1600c，在价值上是用于补偿消耗了的生产资料的，但在实物上是消费资料；这样，通过第一部类的1100v+500m和第二部类的1600c相交换，两部类的产品则全部实现，并在实物和价值上都获得补偿。由此可见，社会总资本扩大再生产的实现条件是：$\mathrm{I}(v+\Delta v+m/x)=\mathrm{II}(c+\Delta c)$，其中m/x表示用于资本家消费的剩余价值部分。

需要说明一下：无论两部类之间的交换还是本部类内部的交换，都不会是物物交换，而是以货币作为流通手段实现的，为了说明简便起见，在两部类关系的图式中，没有引入货币，在《资本论》中有两部类间用货币进行交换的具体说明。

社会总资本扩大再生产的实现条件和两部类的关系还可推出下列图式：

$\mathrm{I}(c+v+m)=\mathrm{I}(c+\Delta c)+\mathrm{II}(c+\Delta c)$

$\mathrm{II}(c+v+m)=\mathrm{I}(v+\Delta v+m/x)+\mathrm{II}(v+\Delta v+m/x)$

上面的第一个图式表示：为进行扩大再生产，第一部类的产品，要满足两大部用于补偿生产资料和追加生产资料的需要。

上面第二个图式表示：为进行扩大再生产，第二部类的产品要满足两大部类的工人原有的消费资料需要和追加的消费资料需要,并满足资本家在剩余价值中用于消费的部分。

四、资本主义经济危机

资本主义经济发展起来以后,其内在矛盾也随之发展。资本主义的基本矛盾是生产社会化与资本主义私人占有之间的矛盾。生产社会化的程度在不断提高,基本矛盾也随之加深。前面所论述的社会总资本再生产应有的比例和实现条件,会经常遭到破坏,特别是生产与消费应有的比例关系不可能自觉形成。存在着生产和消费的矛盾,资本主义生产的目的是追求剩余价值,为此,就要不断积累,扩大生产规模。另一方面,雇佣工人只能获得相当于劳动力的价值的工资,有时资方还压低工资,增加利润。提高劳动生产力可增加相对剩余价值,而不能提高劳动力价值。与资本家的滚滚利润增长相比,工人的相对工资在不断减少,有时实际工资也减少。因此,资本主义生产无限扩大的趋势与工人群众的收入相对甚至绝对减少形成深刻矛盾。到一定时期出现相对生产过剩的经济危机,说它是相对生产过剩,是因为只是相对于劳动群众有支付能力的需求来说,是过剩了,不是超过了实际需要的绝对生产过剩。囊中羞涩的广大劳动者实际需要很多,但无钱购买。经济危机中,资本家宁可将牛奶倒掉,也不愿把过剩产品分发给穷人,因为那样产品更难卖出去了。

自1825年爆发第一次资本主义经济危机以来,每隔一段时期在主要资本主义国家或大部分国家就会再一次爆发危机,形成周期性危机。2008年爆发的世界金融和经济危机,在主要资本主义国家,至今还复苏乏力。

经济危机是资本主义矛盾尖锐化的表现,表明资产阶级难以驾驭至今发展起来的生产力了。生产关系不能适应生产力的发展要求了。当然,资本主义不会长期处在危机之中,经济危机具有周期性,存在危机—萧条—复苏—高涨—危机的不同发展阶段。

在货币作为流通手段和支付手段时,就存在危机的可能性,因为在商品流通中,有人卖出商品而不买,另外就会有人难卖。在货币作为支付手段的运动中,可能发生支付手段链条断裂,出现偿还危机。但这只是抽象的危机的可能性,不具有现实性。只有在资本主义发展了的时期,危机的可能性才会转变为现实性。

第九章　平均利润和生产价格

一、成本价格、利润与利润率

资本主义所生产的商品的价值，用公式表示是 $c+v+m$。其中 $c+v$ 是在生产要素上耗费的资本的价值。马克思称它为"补偿价值"。

在商品生产中，资本家所耗费的东西，和生产本身所耗费的东西是完全不同的量。剩余价值是工人剩余劳动生产的，归资本家无偿占有，并未耗费资本家什么。如果把 $c+v$ 称作成本价格，以 k 代表，商品的价值 $c+v+m$ 就转化为 $W=k+m$ 这个公式了。成本价格不仅仅是资本家账簿上的项目，它在资本运动中独立存在，表现为生产要素。

成本价格这一范畴，抹煞了不变资本和可变资本之间的区别。剩余价值被看作成本以上的增加额，是资本家垫付的成本价格的产物。对资本家来说，他垫付的资本不仅是成本价格，而且还有未被消耗不构成成本的资本部分。总资本虽然只有一部分进入价值增殖过程,但在物质上是全部进入生产过程。所以,剩余价值被看作是由所使用的全部资本产生的。"剩余价值,作为全部预付资本的这样一种观念上的产物,取得了利润这个转化形态。"以 p 代表利润,W = c + v + m = k + m 这个公式,就变成 W = k + p 了。剩余价值和利润,本是一回事。但利润表现为全部预付资本的产物,掩盖了它的真实来源,掩盖了资本对劳动的剥削关系。正是从这里产生了生产要素价值论的资产阶级经济学观点。认为资本创造利润、土地创造地租、劳动创造工资。这是马克思批判的"三位一体公式"。

利润率是剩余价值与全部预付资本的比率,是剩余价值的转化形式。剩余价值率是剩余价值与可变资本的比率,$m' = \frac{m}{v}$。而利润率缩小了这个比率,以 p' 代表利润率,以 c 代表全部预付资本,则 $p' = \frac{m}{c}$。剩余价值率表示资本对劳动的剥削程度,而利润率代表全部预付资本的增殖程度。

二、平均利润的形成

不同的生产部门,由于资本有机构成高低不同,资本周转快慢不同,利润率的高低互有差别。轻工业部门与重工业部门相比,一般资本有机构成较低,资本周转快,因而利润率比重工业部门高。资本是追逐利润的,会转向利润率高的部门，最后形成平均利润。这是通过部门之间的资本竞争实现的。利润转化为平均利润，利润率也就转化为平均利润率。马克思说："这些不同的利润率，通过竞争而平均化为一般利润率。""一般利润率"概念与"平均利润率"概念是相同的。实际上是先有利润率向平均利润率的转化，才造成利润转化为平均利润。

利润转化为平均利润，利润率转化为平均利润率，利润的真实来源、资本和劳动之间的真实关系进一步被模糊了。剩余价值转化为利润，剩余价值率转化为利润率，尽管利润作为全部预付资本的产物，掩盖了可变资本与不变资本的区分，但利润量与剩余价值量是一致的。现在，利润转化为平均利润，利润率转化为平均利润率，各生产部门的剩余价值量和利润量在许多部门就不一致了。只有具有平均资本有机构成和其他平均条件的部门，剩余价值和平均利润才一致。

三、价值转化生产价格

由于利润转化为平均利润，价值就转化为生产价格。生产价格是成本价格加平均利润。《资本论》中为说明价值和生产价格的关系，假定在三个生产部门列有下列公式：

Ⅰ $80c + 20v + 20m$。利润率 $= 20\%$。产品的价格 $= 120$，价值 $= 120$

Ⅱ $90c + 10v + 10m$。利润率 $= 20\%$。产品的价格 $= 120$，价值 $= 110$

Ⅲ $70c+30v+30m$。利润率 $=20\%$。产品的价格 $=120$，价值 $=130$

公式中的"利润率"，是平均利润率，"产品的价格"是生产价格。可以看出，资本Ⅱ的商品价值小于生产价格，资本Ⅲ的商品价值大于生产价格。只有资本Ⅰ的商品价值等于生产价格。价值与生产价格的偏离或相等，取决于资本有机构成的高低。生产价格形成后，商品的市场价格就以生产价格为中心运动。需要说明：商品按价值交换，是简单商品经济和资本主义前期阶段的情况。商品按生产价格交换，是资本主义发展较高阶段时期的情况。

商品生产价格是价值的转化形式。这种情况不是对价值规律的否定，而是价值规律作用形式发生了变化。价值规律扩大到社会总资本运动中起作用了。第一，从个别部门看，价值与生产价格、平均利润与剩余价值在量上会有差别，但从社会总资本来看，价值与生产价格、平均利润总量与剩余价值在总量上是一致的。第二，即使就单位部门来说，其商品价值的变动也会影响到生产价格的变动。

第十章 剩余价值在不同资本之间的分割及其表现形式

一、商业资本与商业利润

(一) 商业资本

商业资本在奴隶社会和封建社会就存在,但商业资本的高度发展形式是随着资本主义生产方式的发展出现的。在资本主义初期,企业规模不大,市场范围也较小,产业资本家往往自己经营生产,也经营销售。但随着资本主义生产的发展,企业规模扩大,产业资本会将商品销售活动转交给商人去经营,这样更有利于专注于经营企业的生产。而且,商人专门从事销售活动,对市场行情和信息掌握得更清楚,有利于缩短商品的销售过程,节约流通费用。于是,产业资本的商品资本的职能就独立化商业资本的职能。在这个问题上需要说明两点：第一，产业资本将商品销售职能转交给商业资本，其资本的运动，仍然存在流通阶段。只不过是集中销售给商业资本，缩短其销售过程罢了。第二，商业资本的职能独立化为商业资本的职能，不能像有的著作中所理解的那样，是产业资本的一部分分离出来作为商业资本。其实，是产业资本、商品资本"职能"的分离与独立化，而不是商品资本的分离与独立化。商业资本是商业资本家独立投入的资本。

（二）商业利润

商业资本家投资于商品经营，也是为了获取商业利润。小商小贩可以自己单独贩卖商品，他们还不是商业资本家。商业资本家要雇佣商业工人，雇佣多少要看商业资本的大小。商业资本家要取得商业利润，而且也要获得平均利润。商业利润从何而来？马克思认为，只有产业资本即从事物质资料生产的资本部门，才生产剩余价值，商业部门不生产价值。商业是从事商品流通领域的活动，流通领域只是商品价值形式的变化，而不会发生价值增殖。因此，商业利润只能来源于产业资本剩余价值的让渡。由于商业资本家替产业资本家销售商品，节省了产业资本家的资本和经营时间，加快了资本的周转，所以产业资本家以低于商品价值的价格将商品出售给商业资本家，商业资本家再按价值出售商品，可以获得买价与卖价之间的差价，那就是让渡的剩余价值，形成商业利润。商业利润是通过商业工人的剩余劳动时间实现的。商业工人的劳动时间也分为必要劳动时间和剩余劳动时间。必要劳动时间实现商业工人的劳动力价值即工资,剩余劳动时间实现商业利润。

由于商业资本要参加剩余价值的分割,获得商业利润,整个社会的平均利润率就会降低。

假定社会产业资本总量为 $720c+180v=900$,剩余价值率为 100%,一年内商品的总价值为 $720c+180v+180m=1080$(假定不变资本价值全部转移),平均利润率为 20%。现在加进了商业资本,假定为 100,社会总资本就不是 900,而是 $900+100=1000$ 了。由于商业资本领域不创造价值和剩余价值,但要参加剩余价值的分割,所以平均利润会降低。现在,180 的剩余价值要由产业资本 900 和商业资本 100 共同分割了,平均利润率就成为:$180\div(900+100)=18\%$。产业利润 $=900\times18\%=162$,商业利润等于 $100\times18\%=18$。在此情况下,产业资本家按 $900+162=1062$ 的价格把商品卖给商业资本家。商业资本家在此基础上加上商业利润,按照 $1062+18=1080$ 的价格即按生产价格将商品卖给消费者,获得 18 的平均利润。

需要说明一点,按照上面的计算公式,好像由于商业资本的介入,社会平均利润下降。其实,不是这样。如果没有商业资本,产业资本家自己出售商品,也要垫付销售资本,增加销售人员。平均利润达不到 20%,可能还低于 18%。商业资本专门从事销售业务,实际上节省了销售费用。一个商业资本家可以为多个产业资本家服务,实际上会提高平均利润率。

二、生息资本和利息

（一）生息资本

在资本主义社会中，除了产业资本、商业资本外，还有借贷资本，《资本论》中也称生息资本。这里所讲的生息资本不包括高利贷资本，只讲"普通形式上的生息资本"，即贷款给产业资本家和商业资本家的借贷资本。借贷资本参与剩余价值的分割。借贷资本的运动形式是 G—G′，G′代表增殖了的货币。《资本论》中讲："贷出者把他的货币作为资本放出去，他让渡给另一个人的价值额是资本，因此，这个价值额会流回到他那里，但单是流回到他那里，还不是作为资本贷出的价值额的回流，而只是一个贷出的价值额的偿还。预付的价值额要作为资本流回，就必须在运动中不仅保存自己，而且增殖自己，增大自己的价值量，也就是必须带着一个剩余价值，作为 G + ΔG 流回，在这里，这个 ΔG 是利息。"① 因此，借贷资本的运动公式也可以表示为 G—G + ΔG。

借贷资本的借贷对象主要是职能资本家，即产业资本和商业资本家。马克思把产业资本和商业资本称作职能资本，

---

① 《资本论》第三卷，人民出版社 2004 年版，第 392 页。

因为它们分别经营商品生产和商品流通业务，而借贷资本，既不搞生产，也不搞商品流通，纯粹只做货币生意，因而不是职能资本。

（二）利息和利息率

借贷资本的出现，使资本发生了资本所有权和资本使用权的分离，即借贷资本家拥有贷出资本的所有权，而贷入资本的职能资本家拥有贷入资本的使用权。贷入资本要还本付息。利息的来源只能是职能资本家所获剩余价值的一部分，具体地说，只能是平均利润的一部分。因此，利息是职能资本家让渡给借贷资本家的一部分剩余价值的特殊转化形式。体现了借贷资本家和职能资本家瓜分剩余价值的关系。

利息要计算利息率。利息率就是一定时期内的利息量和借贷资本量之间的比率。在一般情况下，利息率低于平均利润率，否则职能资本家会因得不到任何利润而不会借款；利息率也不能等于零，那样就没有人愿意贷出货币了。贷款不是借款，必须付一定利息。利息率的高低，由对货币的供求关系调节。供给大于需求，利息率就下降；供给小于需求，利息率就上升。因此，利息率没有一个固定的通行的规定，没有什么"自然利息率"。除供求关系外，利息率要由社会习惯和法律等因素决定。

（三）银行资本与银行利润

在当代社会经济中，资本的借贷关系主要是通过银行来进行的。银行是专门经营货币资本、充当借贷关系中介人的企业。银行为了经营业务，必须有一定的货币资本。银行资本由两部分构成：一部分是自有的资本，即银行家自己垫付的资本；另一部分是借入资本即居民和资本家的存款，后者构成银行资本的主要部分。银行经营存贷业务，也是为了获取利润。银行利润的来源是存款利息和贷款利息之间的差额，贷款利息要高于存款利息。差额越大，银行利润越高。但银行利润的确定，需要在存贷款差额中减去银行经营业务的费用。

银行资本也要获取平均利润，这个平均利润应是按自有资本来计算。银行利润的来源，是职能资本转让的剩余价值的一部分，也是剩余价值的特殊转化形式。

（四）资本主义信用：商业信用与银行信用

随着借贷资本的产生与发展，产生了银行信用。银行信用分两种：商业信用和银行信用。商业信用是指用赊账方式买卖商品发生的信用，这种信用在货币作为支付手段时就已存在，在资本主义经济中更为发展。银行信用是指银行以贷款方式向职能资本家提供的信用。

商业信用的工具是商业票据。商业票据是商业信用中债权人与债务人之间的债务凭证。商业票据分期票和汇票两种。期票是债务人向债权人开出的、承诺在一定时期支付款项的凭证。汇票是由债权人向债务人发出的命令，要求债务人向第三者或持票人支付一定的款项的凭证。商品票据可在一定的范围内流通。

银行信用比商业信用在经济社会发展中有更大的作用。商业信用的对象是商品资本，银行信用的对象是货币资本。银行信用的业务分两方面：负债业务和资产业务。负债业务是以吸收存款的方式借入资金。存款的来源主要是：（1）职能资本家暂时闲置的货币资本；（2）货币资本家或食利者阶层存入银行的货币资本；（3）不同阶层的居民的储蓄存款。银行的资产业务是贷出资金，除贷出货币外，还包括：（1）票据业务，如票据贴现和抵押贷款等；（2）商品抵押贷款；（3）证券业务，以有价证券为抵押品的贷款和投资。

（五）股份公司和股票价格

随着资本主义生产的发展和信用的发展，出现了股份公司。马克思论述了股份公司对推动经济发展的重大作用，也论述了它的负面作用。

首先，股份公司使生产规模惊人地扩大了，个别资本无力建立的大型企业出现了。其次，股份公司资本是"直接联合起来的个人的资本"，它取得了社会资本的形式，不再是自有自营的私人资本。股份制企业也表现为社会的企业，而与私人企业相对立。请注意：这里讲的"社会资本"、"社会企业"，不是公有资本和公有企业，更不具有社会主义性质，如某些人所理解的那样。德文中，这个"社会"、"社会的"用词，具有"公司"、"公司的"的含义。实际上是说，私人资本变成公司的资本了，私人企业变成公司企业了。

在股份公司内，资本的所有权与经营权分离了。职能资本家被单纯的经理所代替，资本所有者变成单纯的货币资本家，他可获得作为资本所有权报酬的股息。资本所有权与再生产过程中的职能完全分离了。

马克思指出：股份公司是资本主义生产极度发展的结果，是"资本再转化为生产者的财产所必需的过渡点"。意思是说，股份公司的创立和发展，有利于向劳动者占有财产的社会主义过渡，因为比起众多的分散的资本主义中小企业来，股份公司更容易被改造为社会主义公有制经济，但这种"过渡"不能在资本主义制度内实现，只能在劳动人民取得政权和建立社会主义制度过程中实现。股份公司并未改变其资本主义的性质，它只是在资本主义生产方式内对私人产业的一种扬弃。所谓"扬弃"，就是有否定、有保留。否定了自有自营的私人企业，发展为私人资本联合的"社会企业"，发展为资本所有权和经营权相分离的"公司资本"。这种扬弃，只是一种消极的扬弃，因为股份公司并未改变其资本主义的性质。马克思还指出了它的负面效用："它在一定部门中造成了垄断，因而引起国家的干涉。它再生产出一种新的金融贵族，一种新的寄生虫，——发起人、创业人和徒有其名的董事，并在创立公司、发行股票和进行股票交易方面再生产出了一整套投机和欺诈活动。这是一种没有私人财产控制的私人生产。"

股份公司的发展，信用的发展，"使少数人越来越有冒险家的性质，……纯粹变成交易所赌博的结果；在这种赌博中，小鱼为鲨鱼所吞掉，羊为交易所的狼所吞掉"。① 我国在发展股份制企业中，应重视马克思对它的作用的全面分析。既要认识它的正面的积极作用，也不要忽视它的负面的消极作用。而且，从以上的论述中，可以看出，马克思更早地指出了资本主义股份公司和垄断的发展，会引起国家干预的问题。马克思提出资本主义社会化生产中国家干预的思想比凯恩斯提出的时间要早得多。

股份公司发行股票，股票持有者凭借股权可以从股份公司获取股息。股息也是来源于生产部门工人创造的剩余价值。股票本身没有价值，但可以在市场上出售。股票价格＝$\frac{股息}{利息率}$。这是一种本质关系，还有其他经济政治因素会影响股票价格的涨落。

随着资本主义信用制度和股份制的发展，在实体资本之外，形成了虚拟资本。虚拟资本不是现实的资本，是以有价证券形式存在、能够定期带来一定收入的资本凭证。包括商业票据、股票、企业债券、公债券等。

三、资本主义地租

资本主义制度以生产资料私有制为基础。土地作为重要生产资料，归大土地所有者私人所有。在资本主义发展的长

---

① 《资本论》第三卷，人民出版社2004年版，第497—498页。

时期中，农业生产中存在三个阶级：土地私有者、农业资本家、农业工人。农业资本家租种土地所有者的耕地，雇佣农业工人进行生产。土地所有者获得地租，农业资本家获得平均利润，农业工人获得工资即劳动力的价值。

资本主义地租与封建主义地租不同。马克思论述了封建主义地租所经历的三个阶段和采取的三种形式，即劳动地租，学界也称作劳役地租；产品地租，学界也称作实物地租；货币地租。资本主义地租是从封建主义地租发展而来的，一般采取货币地租形式。由于土地肥沃程度的不同和距离市场远近的差别，以及投资状况的不同，经营农业生产的收入也就产生差异，交纳地租的多少也会不同。资本主义地租，分级差地租和绝对地租。无论级差地租还是绝对地租，都是土地所有权在经济上的实现。

（一）级差地租

土地有肥沃程度的不同。假定有三块面积相同但肥瘠不同的土地分甲、乙、丙。投入同样的资本，产量不同。从而单位产品的个别生产价格不同，但都按社会生产价格出售，甲地收入高于乙和丙两地的收入，而丙地收入最少。这样，租种甲、乙、丙三类土地所缴纳的地租就有差别。甲地所缴纳地租最高，乙地次之，形成级差，称之为级差地租。丙地没有级差地租，但需缴纳绝对地租，下面会讲到。另外，土地所处地理位置不同，也会影响到农业收入的不同。距离城市和市场较近的土地，运费低、出售快、收入高；而距离城市和市场较远和很远的土地则相反，收入较低。这样，远近距离不同的土地，收取地租也不同，同样形成级差地租。马克思把由于上述土地好坏、条件不同形成的级差地租，称作级差地租Ⅰ。

级差地租还有另一种形式，那就是在同一块土地上连续追加投资生产率不同形成的收入差别，生产率高的追加投资形成超额利润，在租约到期前，这种超额利润归农业资本家占有，而租约到期时，就作为级差地租转入地主手中，这是级差地租Ⅱ。

级差地租是一种超额利润，是农产品个别生产价格低于社会生产价格的余额，是农业资本家在经营农业生产所获取的剩余价值中，除去自己平均利润以外的一种超额利润。

农业中的超额利润形成级差地租是长期稳定存在的，这与工业中的超额利润不同。工业中的先进企业，由于利用先进技术设备，将产品的个别生产价格降低到社会生产价格之下，也会获得超额利润。但当其他企业追赶上来，利用相同的技术设备进行生产时，原先进企业的超额利润不再存在。而农业中的情况不同，农业中的土地差别是相对固定的，较优等地总是有限的，又被经营垄断，农产品的生产价格由劣等地决定，所以超额利润会经常存在。由此可见，级差地租存在的原因是对较优土地的经营垄断。农业资本家既获得平均利润又缴纳级差地租，反映了农业资本家和土地所有者瓜分农业工人剩余价值的关系。

（二）绝对地租

在上面论述级差地租时，表明劣等地没有级差地租。似乎土地所有者会将劣等地白白交给农业资本家耕种。事实上,由于土地有限,优等、中等土地的产品不能满足社会需要,劣等地也需要进入耕作范围,也必须缴纳地租,这种不管土地好坏,都必须缴纳的地租,称作绝对地租。劣等地缴纳绝对地租,其他较优土地也需要缴纳绝对地租。绝对地租量在各级土地上是一样的。绝对地租产生的根源是土地的私有权垄断。

会产生一个问题:在资本主义工商企业中,商品按生产价格出卖,资本获取平均利润,而在农业中,除农业资本家获取平均利润外,土地所有者还要获得级差地租和绝对地租。农产品的价格是否高于其生产价格和价值呢?可以回答说,农产品的价格的确高于社会生产价格,但未超过其价值。在工商业部门中,商品的总生产价格和总价值是一致的,而在农业中,商品的价值要高于其生产价格。这是因为:第一,在资本主义发展的长时期中,农业落后于工业,农业资本有机构成低于工业,因而同量资本雇佣的劳动力多,产生的剩余价值多,利润率高。第二,在工业部门中,资本有机构成不同形成利润率的高低不同,会通过部门间的竞争和资本向高利润率部门转移,使利润率平均化。而在农业部门,由于土地有限,又被私有权垄断和经营垄断,其他部门的资本难以展开与农业部门的竞争,阻碍了大量资本转入农业,所以,农业中超过平均利润的部分留在农业,因而农产品价格会超过生产价格,但并未超过价值。农产品是按由劣等地的个别价值所决定的社会价值出售的。绝对地租,正是农产品价值超过其社会生产价格的部分,而级差地租则是优等和中等土地个别生产价格低于社会生产价格的超额利润部分。

　　当代资本主义的农业与马克思写《资本论》时所看到的农业情况，已发生了变化。发达资本主义国家农业落后于工业的局面已经改观，农业资本有机构成已经不再落后于工业。农业中的阶级关系也发生了变化，如美国的农业，实现了农业现代化。第二次世界大战后的一个时期中，美国农业的发展快于工业，农业的主体单位是大量的家庭农场，既不是小农经济，也不是农业资本家的大农场，而是由家庭成员经营的农场。由于实现现代化，家庭农场可以耕作大量土地。但是，在现代条件下，许多发达国家农业还需要获得国家财政补贴。在此情况下，马克思的地租理论需要随着实际情况的变化而有所发展。这是当代马克思主义经济学需要研究和说明的一个现实理论问题。

第十一章 对"三位一体的公式"的批判、分配关系和生产关系

《资本论》第三卷第七篇《各种收入及其源泉》共五章,包括对"三位一体公式"的批判、分配关系和生产关系及阶级问题等。其中有些理论观点是比较重要的。但一般政治经济学教材很少涉及。这里只做简要阐述。

一、"三位一体的公式"

(一) 对"三位一体的公式"的批判

在《资本论》的前面篇章中,已说明了商品的价值和剩余价值是由劳动创造的,剩余价值是各种非劳动收入的源泉。在资本主义制度下,工人出卖劳动力,付出劳动,取得

工资；产业资本家凭资本获得利润（企业主收入）；银行资本家凭资本获得利息；商业资本家凭资本获得商业利润；土地所有者凭土地获得地租。这一切非劳动收入是剩余价值的具体形式或转化形式。但是，资产阶级庸俗经济学家并不这样看问题，他们认为，利润、利息是资本创造的，地租是土地创造的，只有工资是劳动创造的。马克思将其概括为"三位一体的公式"："资本—利润（企业主收入加上利息），土地—地租，劳动—工资"。由于产业资本家要付银行资本家利息，剩下的利润部分就表现为企业主的收入，而且表现为企业主管理企业的工资。于是，"三位一体的公式"又进一步归结为："资本—利息，土地—地租，劳动—工资"。"各种收入的源泉尽在这个形式之中。"① 但这不是永恒的社会形式。资本与雇佣劳动，土地私有权，只是"历史规定的社会形式"，② 是资本主义历史阶段的社会形式。

马克思为批判"三位一体公式"的错误，提出了形式和本质的矛盾的说明。庸俗经济学家拘守的是事物的表现形式，是本质被掩盖被颠倒了的现象，而马克思所揭示的是事物的本质。"如果事物的表现形式和事物的本质会直接合而为一，一切科学就都是多余的了。"③ 马克思指出：如果从现象上看，资本、土地和劳动，分别表现为利息、利润、地租和工资的源泉，而利息、利润、地租和工资则表现为它们的产物，它们的果实。前者是根据，后者是归结，前者是原因，后者是结果。但这不是事物的本质，而是本质被掩盖了

---

① 《资本论》第三卷，人民出版社 2004 年版，第 923 页。
② 《资本论》第三卷，人民出版社 2004 年版，第 923 页。
③ 《资本论》第三卷，人民出版社 2004 年版，第 925 页。

的现象，是资本主义经济关系被异化了的表现形式。而"经济关系的内部联系越是隐蔽，这些关系对普通人的观念来说越是习以为常，它们对庸俗经济学来说就越显得是不言自明的"。① 因为本质关系被掩盖，庸俗经济学家的"三位一体公式"的现象形式也会成为普通人们的"习以为常"的观念。

（二）资本主义榨取剩余劳动的"文明面"

一切剥削制度，归根到底都是掠取劳动者的剩余劳动。但是，奴隶制度和封建制度的剥削关系未被完全掩盖。而资本主义获取的剩余价值则表现为资本与劳动等价交换后的价值增殖。劳动力的价值或价格表现为劳动的价值或价格，似乎工资就是雇佣劳动创造的全部价值，利润、利息、地租的源泉与劳动无关。因此，必要劳动与剩余劳动的划分被掩盖了。

马克思对资本主义榨取剩余劳动的方式，给予一分为二的评价。一方面，榨取剩余劳动，"在资本主义制度下，像在奴隶制度等等下一样，具有对抗的形式"；另一方面，"资本的文明面之一是，它榨取这种剩余劳动的方式和条件，同以前的奴隶制、农奴制等形式相比，都更有利于生产力的发展，有利于社会关系的发展，有利于更高级的新形态的各种要素的创造。"② 奴隶制和农奴制的榨取方式采取超经济

---

① 《资本论》第三卷，人民出版社2004年版，第925页。
② 《资本论》第三卷，人民出版社2004年版，第927—928页。

强制的方式，存在人身依附关系。而资本主义制度下的雇佣工人具有人身自由，有选择雇主的权利。资本主义摆脱了对劳动者的超经济强制，转向经济强制。所谓经济强制，就是工人因为没有生产资料，没有消费资料来源，经济上不得不受雇于资本家，受资本的统治。

资本主义榨取剩余劳动的方式，相对于奴隶制、农奴制而言是文明的，而且马克思指出其三条"有利于"：一是"有利于生产力的发展"，其发展速度和水平远远超过了以往生产力发展的总和。二是"有利于社会关系的发展"，不仅指资本主义社会关系的发展，而且指资本主义制度内孕育着的新的社会经济因素的发展，新的经济因素是走向社会主义的过渡点。三是"有利于更高级的新形态的各种要素的创造"。这里所讲的"更高级的新形态"，是新的社会经济制度即社会主义制度。资本主义社会生产力和社会关系的发展，为转向社会主义提供了有利条件。

（三）未来新社会制度中的剩余劳动和由必然王国走向自由王国的问题

马克思在这里还论述了未来新社会制度下的有关问题。关于剩余劳动问题，他指出：剩余劳动在剥削制度下，具有对抗形式。但在消灭了剥削制度的新社会中，剩余劳动依然存在。"剩余劳动一般作为超过一定需要量的劳动，应当始终存在。""为了对偶然事故提供保险，为了保证再生产过程的必要的、同需要的发展和人口的增长相适应的累进的扩大……一定量的剩余劳动是必要的。"① 在新社会制度下，社会需要和满足这种需要的生产力会扩大。这时会获得一定的自由，但这个自由，只能是在公有制度下，"联合起来的生产者"合理地调控生产，经济过程不再作为盲目的力量统治自己。马克思还进一步论述了由必然王国走向自由王国的道理。在现有条件下，还处在必然王国之中。为了维持生存和再生产，"必须与自然搏斗"，"外在的必要性"使人们不得不致力于物质生产劳动，而且，社会现实财富的增多和生产不断扩大，取决于劳动生产率的提高和生产条件的优劣程度，因而需为此努力。"自由王国只是在必要性和外在目的规定要做劳动终止的地方才开始；因而按照事物的本性来说，它存在于真正物质生产领域的彼岸。"这是什么意思呢？马克思的一个观点是：在当前条件下，物质生产劳动还仅仅是人们谋生的手段，是一种劳累和负担。将来随着生产力的发展和财富的涌流，随着旧分工的消灭，随着人们的全面自由发展，劳动将成为人们生活的第一需要，成为一种乐趣。这时，就开始从必然王国走向自由王国的彼岸。"真正的自由王国就开始了。"②

---

① 《资本论》第三卷，人民出版社2004年版，第927页。
② 《资本论》第三卷，人民出版社2004年版，第929页。

二、分配关系和生产关系

《资本论》第三卷第五十一章专门论述了分配关系和生产关系。这里着重分析的是资本主义的分配关系和生产关系，同时作为两者关系的一般原理，也适用于一切社会经济制度。而这里分析分配关系和生产关系之间的关系，又是与批判前面所讲的"三位一体的公式"相联系的。

在资本主义社会，每年由劳动创造的新价值，分为三个部分，分别分配给"不同生产要素的所有者"。请注意，事实上马克思在这里指出了资本主义分配方式是按生产要素所有权分配的。按生产要素所有权分配，要以不同的生产要素分别掌握在不同的所有者手中为前提。这样，新价值的第一部分分配给劳动力要素的所有者，即雇佣工人；另一部分归资本要素所有者；第三部分归地产要素所有者。这种本是资本主义的分配关系，却被资本家及其学者看作是一切社会生产中的自然关系，是固有的不变的分配关系。也有学者认为，分配关系独立于生产关系。资本主义生产关系是不变的、合理的，是从人类本性产生出来的，但分配关系具有历史发展性质，是可变的，将分配关系与生产关系剥离开来。

马克思指出：生产关系与分配关系都具有历史规定性质，在不同的历史时期，会有不同的生产关系和分配关系，分配关系是由生产关系决定的，资本主义按生产要素所有权分配，就是由资本主义生产关系决定的，首先是由生产资料与劳动力相结合特殊方式即资本与雇佣劳动相结合的方式决定的。为说明这点，马克思讲了一段具有重要理论意义但学界没有给以应有重视的论述："对资本主义生产方式的科学分析却证明：资本主义生产方式是一种特殊的、具有独特历史规定性的生产方式，它和任何其他一定的生产方式一样，把社会生产力及其发展形式的一个既定的阶段作为自己的历史条件，而这个条件又是一个先行过程的历史结果和产物，并且是新的生产方式由以产生的既定基础；同这种独特的、历史地规定的生产方式相适应的生产关系，即人们在他们的社会生活过程中，在他们的社会生活的生产中所处的各种关系——具有一种独特的、历史的和暂时的性质；最后，分配关系本质上和这些生产关系是同一的，是生产关系的反面，所以二者共有同样的历史的暂时的性质。"① 这段话说明：一定历史阶段的社会生产力，决定资本主义生产方式，资本主义生产方式决定资本主义生产关系，资本主义生产关系决定资本主义分配关系。用图式表示为：

社会生产力——资本主义生产方式——资本主义生产关系——资本主义分配关系

马克思说：分配关系是生产关系的反面。资本主义分配关系既包括劳动与资本之间的分配关系，也包括剩余价值在非劳动要素所有者之间的分配关系。资本主义生产的实质是剩余价值生产。资本主义生产关系的实质是资本通过劳动力作为商品等价交换，无偿占有雇佣劳动生产的剩余价值。这样才会有剩余价值的分配关系，才会产生"三位一体的公

---

① 《资本论》第三卷，人民出版社2004年版，第994页。

式"。

　　资本主义生产关系，首先包括生产资料由私人资本占有的所有制关系，又包括生产资料与劳动力相结合的资本主义生产方式——资本与雇佣劳动相结合的关系。正是这种所有制与资本主义生产方式决定了资本主义剩余价值生产关系，进而决定了资本主义分配关系——按生产要素所有权分配关系。

　　学习和掌握这里论述的分配关系和生产关系的内容，有助于弄清《资本论》第一卷所讲的作为研究对象的"资本主义生产方式"是什么。它排除了生产力或生产力含义上的劳动方式的解读。因为这里明确指出，生产关系与之相适应的资本主义生产方式是由一定的社会生产力决定的，而且这种生产方式是与生产关系一样具有历史暂时性。它是属于生产关系体系基础层次的关系。

附录　力求准确解读《资本论》的原理和方法

——《〈资本论〉精选讲解》[①] 前言

《资本论》是一部博大精深的马克思主义理论著作。既具有重要历史意义，又具有重要现实意义。习近平同志于2012年6月19日到中国人民大学考察时，首先考察了经济学院的《资本论》教学与研究中心。考察完后，发表了具有重要指导意义的讲话。他说：我们党是一个马克思主义指导的党，所以我们要重视马克思主义经典理论的学习。马克思主义中国化形成了毛泽东思想和中国特色社会主义理论体系两大理论成果，追本溯源，这两大理论成果都是在马克思主义经典理论指导下取得的。《资本论》是最重要的马克思主义经典著作之一，是经典的经典，经受了时间和实践的检验，始终闪耀着真理的光芒。

---

① 由卫兴华主持编写的《〈资本论〉精选》和《〈资本论〉精选讲解》，中国人民大学出版社2014年版。

一、力求准确地按原意讲解《资本论》的内容

当前,"回归马克思"的思潮在国内外兴起,人们又在重视对《资本论》的学习与研究。但是,在有关《资本论》的教学和论著中,存在一些偏离原意的讲解。举几个事例:

(一)关于分析经济形式要运用"抽象力"的问题

《资本论》第二版序言中讲:"分析经济形式,既不能用显微镜,也不能用化学试剂,二者必须用抽象力来代替。"这里所讲的"抽象力"与"抽象法"、"科学抽象",是否同一含义,不少有关论著中是将其划等号的。如20世纪50年代初,作为我国政治经济学通用教材"十六分册"之一的苏联列昂节夫所著《政治经济学的对象和方法》一章中这样讲:"政治经济学与一切社会科学相同,是不能够像物理或化学那样来利用实验的(在人工创造的条件下实验),而是用抽象的方法来代替的。"这是把抽象方法与自然科学中的实验截然划分或对立起来。我国的一些讲解《资本论》的著作,也存在同样的解读,似乎自然科学可以通过实验来求证,不需要抽象方法,只有经济学和其他社会科学的研究才需要抽象方法。其实,无论自然科学还是经济学的研究都需要运用科学抽象方法。抽象法或科学抽象是指从纷纭繁杂的现象中,通过科学分析,求证其固有的最本质的规定和规

律。自然科学进行试验，也要运用科学抽象。如从现象上看，物体下落，重的东西下落快，轻的下落慢。但如在真空中进行实验，舍去了空气、风力等阻力，轻重物体都以同一速度下落，抽象出其本质和规律。经济学中的价格是现象，价值（劳动）是本质。利润、利息是现象，剩余价值是本质。这不是通过实验室进行科学抽象的结果，而是利用科学的思维抽象即"抽象力"的结果。"抽象力"也是科学抽象，但与自然科学研究中的科学抽象有所区别。我们在本书的解读中说明了这一点。

（二）关于等价形式的特点问题

《资本论》中分析"价值形式或交换价值"问题时，提出等价形式的三个特点：一是"使用价值成为它的对立面即价值的表现形式"；二是"具体劳动成为它的对立面即抽象人类劳动的表现形式"；三是"私人劳动成为它的对立面的形式，就是直接社会形式中的劳动"。弄清等价形式的特点，对于认识货币的本质具有重要意义。但是，在一些有关讲解、导读的论著中，未能按其本意进行。有的简单转述上述三个特点，不做科学阐述；有的做了解释，但偏离了原意。例如，有的著作中这样解读：在 20 码麻布 = 一件上衣的价值关系中，上衣是等价形式，它用自己的使用价值表现了麻布的价值，生产上衣的具体劳动成为生产麻布的抽象劳动的表现形式；生产上衣的私人劳动成为生产麻布的社会劳动的表现形式。其实，讲等价形式的特点，不是复述马克思在前面已讲清楚了的等价形式与相对价值形式的关系，而是从这种关系中抽象出等价形式自身的特点。讲等价形式的特点，是要论述在商品交换关系中，作为等价形式的商品是用自己的使用价值作为价值的代表，即价值的"化身"或"价值的镜子"而起作用。生产它的具体劳动，"只当作抽象劳动的实现"，成为"抽象人类劳动的化身"。生产它的私人劳动"成为直接社会形式的劳动"，即成为社会劳动的代表或"化身"。这是为了说明货币的本质与特点做理论铺垫。在商品交换关系中，金属货币自身是价值的代表或化身，也是抽象劳动和社会劳动的代表或化身。本书的讲解中，也说明了这一点。

（三）关于"劳动过程的简单要素"的理解问题

在《资本论》第一卷第五章讲劳动过程中，提出劳动过程的简单要素是："有目的的活动或劳动本身，劳动对象和劳动资料。"有关教材的解读中，将这三要素作为生产力三要素的说明，它忽视了"简单"一词。有的政治经济学教材中，注意到"简单"一词，但做了偏离原意的解释。它说：所谓"简单"就是撇开了生产关系单讲劳动过程。其实，马克思讲劳动过程时首先就说明："劳动过程首先要撇开每一种特定的社会的形式来加以考察"。因此，是撇开社会生产关系单讲劳动过程本身必备的"简单要素"。所谓"简单要素"，是指最一般的、任何社会生产都不能缺少的最低限的要素。这一概念本身意味着随着社会生产的发展，劳动过程会相应增加新的要素，如管理、分工协作、科学等。马克思自己说明了这一点："就劳动过程只是人和自然之间的单纯过程来说，劳动过程的简单要素是这个过程的一切社会发展形式所共有的。但劳动过程的每一个一定的历史形式，都会进一步发展这个过程的物质基础和社会形式。"① 这里所说的"物质基础"的发展就是劳动过程要素的发展。

（四）关于"商品生产所有权规律转变为资本主义占有规律"解读问题

在《资本论》第一卷第二十二章讲剩余价值转化为资本的内容时，提出了这一规律的转变问题。不少有关论著将其解读为由简单商品生产转变为资本主义生产。在我国曾流行的卢森贝的《〈资本论〉注释》中就是这样解释。因此我国有些有关论著也这样解读。这种错解甚至存在于恩格斯的《反杜林论》中，它这样讲："商品生产达到一定的发展程度，就转变为资本主义的生产。"接着引证《资本论》中的话：在这个阶段上，"以商品生产和商品流通为基础的占有规律或私有权规律，通过它本身内在的、不可避免的辩证法转变为自己的对立物"。据此又做解读："假定一切私有财产起初都基于占有者自己的劳动，…在生产和交换的进一步发展中也必然要产生现代资本主义生产方式。"② 其实，由简单商品生产转变为资本主义生产，马克思在分析商品与货币及论述货币转化为资本时就讲清楚了。这里是讲资本积累、剩余价值资本化过程中的劳资关系的实质。在资本与劳

---

① 《马克思恩格斯文集》第七卷，人民出版社2009年版，第1000页。
② 《马克思恩格斯选集》第三卷，人民出版社1995年版，第506页。

动力交换关系中，承认各自的所有权，等价交换。但进入生产的结果，一切归资本家占有。在资本积累中，是用无偿占有的劳动者的剩余价值的一部分，作为追加资本，购买追加劳动力，再生产出更多的剩余价值。起点是凭借各自的所有权进行等价交换，但不断再生产的结果，全部归资本家不断占有。这就是资本积累的实质。这与由简单商品生产转变为资本主义生产毫无关系。有必要在有关讲解中予以澄清。

（五）"所使用的资本与所消费的资本之间差额的扩大"怎样成为资本积累的因素

有多种有关教材和解读本中，有不同的讲解。有些解读未必符合原意。例如，有的这样论述：所消费资本是指固定资本中减去转移走的价值后尚留存的那部分价值。比如，资本家所用固定资本一万镑，在生产过程中已转移走八千万，留下二千万。固定资本与以前一样发挥作用，这部分差额像白白利用自然力一样，提供无代价服务。在苏联有关教材中，也有这种解释。在考茨基还是马克思主义者的时候所写的《马克思的经济学说》一书中有专门一节阐述影响资本积累规模的因素，但对所使用资本和消费资本差额的增大这一因素避而不谈。显然他没有弄清其原意。

其实，所消费资本不是指固定资本中尚未转移走的那部分存留的价值，而是指随着固定资本消耗而转移走的那部分价值。固定资本的总量越大，每年消费即转移的那部分价值也越大。而且，所使用资本与所消费资本差额的增大，不仅取决于固定资本总量大小，还取决于固定资本周转时间的长短。固定资本转移的价值作为折旧基金,也可用于积累。这个问题,从马恩的有关通信中,可以看出,马克思曾请教过恩格斯。二人曾信件往返多次,进行探讨。

(六)关于资本主义积累规律中"成正比"或"成反比"问题

马克思在论述资本主义积累规律时指出:随着资本积累的增大,产业后备军也增大。"同现役劳动军相比,这种后备军越大,常备的过剩人口也就越多,他们的贫困同他们的劳动折磨成反比"。这段话中的"成反比",在法文版中是"成正比"。于是在《资本论》中译本加了个脚注:"马克思亲自校订的法文版中是'成正比'"。在2009年新出版的《马克思恩格斯文集》第5卷中也对"成反比"加注:"在经马克思审定的法文版中是'成正比'"。在我国出版的《政治经济学辞典》和有些教材中,也照此办理,加注法文版"成正比"。我觉得在教材和讲解等论著中,这样处理未必适当。会让学生和其他读者无所适从。在有关教材和《资本论》讲解、导读等著作中,应做出科学判断,究竟应是"成正比"还是"成反比"。于光远、苏星、仇启华主编的《政治经济学(资本主义部分)》(人民出版社1985年)。明确改为"成正比"。1961年出版的郭大力和王亚南翻译的《资本论》中译本第二版中,对"成反比"所加的脚注是:"最近出版的《马克思恩格斯全集》版已改为'成正比'",并加注说"这个改订是根据马克思亲自校订过的法文版做出的"。这里所讲的是俄文版《马克思恩格斯全集》第二版。

而且苏联的刊物上还为此专门发表评介文章：《关于马克思〈资本论〉的一点更正》（见《经济学译丛》1963年第4期）。

然而，20世纪80年代的《资本论》法文版中，却根据德文版将"成正比"改为"成反比"。我认为，德文版中"成反比"是正确的，法文版"成正比"是译者的笔误。马克思审订时没有注意到这一差错。这样讲的根据是：第一，德文《资本论》第一卷第一、二版是马克思亲手写的，以后的第三、四版是恩格斯校订的。都是"成反比"，这个论断符合事实。"他们的贫困同他们的劳动折磨成反比"，这句话中的两个"他们的"，是指同一些工人，可以是指"现役劳动军"，也可以是指"产业后备军"。作为现役劳动军，他们遭受"劳动折磨"，但有工资收入，可减轻贫困；作为产业后备军，他们失了业，不受劳动折磨了，但遭受贫困。因此，贫困与劳动折磨"成反比"。第二，恩格斯在马克思的遗物中，发现一个德文本和一个法文本，德文本中有些地方做了修改，并表明何处应参看法文版修改。在法文版中又标出了德文版修改时应采用的地方。而且需修改的地方正是资本积累过程的那一部分。然而马克思所遗留这两个版本中，都没有标出要将"成反比"改为"成正比"。第三，如要将"成反比"改为"成正比"。就需改变两个"他们的"内容，即产业后备军的贫困同现役劳动军的劳动折磨"成正比"。因为失业大军越多，越会加压力于现役劳动军，迫使他们忍受劳动折磨。反过来，现役劳动军越增大所受的劳动折磨，干更多的活，失业大军越不易找到工作。所以二者"成正比"。俄文版中将"成反比"改为"成正比"时，也修改了有关内容：将"他们的贫困同他们的劳动折磨成反比"，改成"他们的贫困同现役劳动军所受的劳动折磨成正比"。然而，内容的改变是俄译本译者所为，法文版中没有这种内容的修改。由此可见，将法文版中的"成正比"按德文版改成"成反比"是正确的。

（七）关于"商业资本是从产业资本中分离出来的独立部分"的提法问题

在20世纪50年代从苏联翻译过来的经济学论著中，流行着"商业资本是产业资本的独立化部分"、商业资本"是从产业资本中分离出来的"、"是产业资本的分化形式"等提法。这影响到我国的有关论著。在我国政治经济学教材和有关词典中也流行这类提法。如蒋学模同志的《政治经济学》教材中讲："商业资本无非是从产业资本中分离出来的商品资本。"有的教材中讲：近代商业资本，主要是从产业资本中分离出来的，一部分产业资本家脱离生产领域，专门从事商品买卖，于是产业资本的一部分便分离出来变成商业资本。

在资本主义社会中，产业资本的一部分独立和分化出来转为商业资本，不能说没有，但不是常态。更不能说商业资本家是由部分产业资本家改行从事商品经营的。商业资本主要是由商业资本家独立投资而成为独立部门。

其实，准确的提法应是：商业资本的职能是从产业资本的商品资本职能独立出来的部分。是资本职能的独立化，而不是资本的分离和独立化。马克思是这样说明的：产业资本中"处在流通过程中的资本的这种职能作为一种特殊资本的特殊职能独立起来,作为一种由分工赋予特殊一类资本家的职能固定下来,商品资本就成为商品经营资本或商业资本"。

(八) 关于马克思的科学分析方法问题

《资本论》第一卷第一章有一段关于分析方法的论述:"对人类生活形式的思索,从而对它的科学分析,总是采取同实际相反的道路。这种思索是从事后开始的,就是说,是从发展过程的完成的结果开始的。"学界一般认为,这是马克思对自己科学分析方法的说明。苏联著名学者罗森塔尔在他的《马克思〈资本论〉中的辩证法问题》一书中也把这段解释为马克思对自己分析方法的正面说明。中国的一些有关论著中,也持相同的观点。其实这是误解。马克思这里所讲的是以往学者们非科学的分析方法。

需要弄清几点:第一,马克思政治经济学的方法与前人的方法并不相同。在《资本论》法文版序言中明确指出:"我所使用的分析方法至今没有人在经济问题上运用过。"马克思所运用的是辩证唯物主义与历史唯物主义的方法,是科学的"抽象力"方法。前人没有运用过。第二,前人对经济生活形式的分析总是采取与实际相反的道路。是从发展的结果开始的。如分析价格、货币问题,是就价格讲价格,就货币论货币,难以揭示价值规律和弄清货币的本质及其发展规律。马克思是首先分析了价值实体和价值量,揭示出价值规律,进一步说明价格的运动。首先分析了原始物物交换的简单价值形式,再到扩大的、一般的价值形式和最后的货币形式。马克思的科学分析不是从发展过程的结果开始的，理论分析进程与实际的发展进程是一致的，也就是理论逻辑和历史逻辑的统一。第三，马克思指出：在对经济生活形式进行分析时，"人们试图了解它们的内容而不是了解它们的历史性质"。他们从价格分析导致价值量的决定，从货币形式的分析导致价值性质的确定。这与马克思从劳动量和价值量的分析导致价格的决定，从价值形式发展历史的分析导致货币的规定，是"相反的道路"。然而，从完成形式货币进行分析的非科学性在于"货币形式，用物的形式掩盖了私人劳动的社会性质以及私人劳动的社会关系，而不是把它们揭示出来"。马克思在《资本论》第一卷第二章中指出："只有那些从货币的完成形态出发而从后往前分析商品的人看来，'货币是商品'，才是一种发现。"然而，"困难不在于了解货币是商品，而在于了解商品怎样、为什么、通过什么成为货币"。从货币的完成形式分析是解决不了问题的。

二、重视在一般经济学教材和论著中
容易被忽视的重要理论观点

《资本论》中，有些重要理论观点对党的建设和社会主义事业具有指导意义，但容易被忽视，在有关讲解和导读中也未凸显其意义。

（一）不要资本主义制度下的资本家和地主个人对资本主义制度负责的观点

在《资本论》第一卷第一版序言中，马克思特别讲了这样一段话："为了避免可能产生的误解，要说明以下。我决不用玫瑰色描绘资本家和地主的面貌。不过这里涉及的人，只是经济范畴的人格化，是一定的阶级关系和利益的承担者。我的观点是把经济的社会形态的发展理解为一种自然史的过程。不管个人在主观上怎样超脱各种关系，他在社会意义上总是这些关系的产物。同其他任何观点比起来，我的观点是更不能要个人对这些关系负责的。"

马克思运用历史唯物主义分析社会经济的发展进程和阶级关系。既揭示和批判了资本主义阶级剥削关系的本质，又把资本主义看作是一种"自然史"即社会历史发展的客观必然过程。恩格斯在为《资本论》第一卷写的书评中指出，"拉萨尔的全部社会主义在于辱骂资本家，……在这里我们看到的情况恰恰相反。马克思先生明确地指出了资本主义生产方式的必然性"。资本主义制度的产生与发展，不是由于某些人们在道义上出现缺失、认识上产生了错误的结果，而是人类历史发展的必经阶段，是合乎历史规律的事情。因此，不应和不需要让资本家和地主个人对资本主义制度负责。可以看出，这一历史唯物主义的观点，与我国曾长期流行的"唯成分论"是对立的。"唯成分论"，不仅要让剥削者个人对其所经历的剥削制度负责，而且要让其子孙为其祖辈的剥削关系负责，显然是不合理的。如果我国的马克思主义者，特别是决策层能及时弄清和把握马克思的这一重要观点，"唯成分论"就不会在我国一直流行数十年，直到改革开放后才得到扭转。

（二）生产资料和劳动力相结合的不同方式，对不同经济制度的决定性作用问题

生产资料所有制是决定生产关系体系的基础，这是马克思主义的基本原理。但仅讲这一条还不够。试问：都是非劳动者占有生产资料，而劳动者与生产资料相分离，为什么有的占有生产资料的非劳动者是奴隶主，有的是封建主，而有的是资本家呢？为什么都是与生产资料相分离的劳动者，有的是奴隶，有的是农奴，而有的则是雇佣工人呢？这就需要根据生产资料和劳动力相结合的方式来界定。如果劳动者是作为"会说话的工具"，在主人的皮鞭、棍棒下与生产资料结合起来，劳动者就是奴隶，主人就是奴隶主，从而是奴隶制度。如果生产资料作为资本，劳动者将劳动力作为商品出卖给资本所有者，采取了资本与雇佣劳动相结合的生产方式，生产资料所有者就是资本家，而劳动者就是雇佣工人，从而就是资本主义制度。

研究社会主义经济制度，需要重视生产资料公有制的决定作用。但如果在社会主义国有企业中，不重视生产资料与劳动力相结合的应有方式，比如，不是把劳动者当作生产资料的主人，职工没有对生产的监管权、话语权，厂长、经理独断专行、损害职工权益、以权谋私，这样的公有制能是社会主义性质的么？学习和研究《资本论》，应当结合社会主义实践重视和研究这一问题。

三、不回避疑难理论问题，力求阐述其真义

《资本论》中存在一些疑难理论问题，学界各抒己见，解读各异。有些论著对《资本论》的解读比较系统、准确。但也愿指出：有些疑难理论观点，在《资本论》中本可以找到答案，但有的解读偏离了原意；还有些"导读""解说"本中对有关争论问题回避不谈，是一种缺失；有的则只讲自己一家之言的见解，又缺少论证与论据。《讲解》一书对学界有争论的问题，都说明有哪些不同的解读，并力求按照原著的本意进行阐述。

举几个例子：

（一）关于《资本论》的研究对象问题

《资本论》第一版序言中讲："我要在本书研究的，是资本主义生产方式以及和它相适应的生产关系和交换关系。"这里作为研究对象的"资本主义生产方式"究竟是指什么？学界众说纷纭，长期争鸣。本《讲解》首先说明有哪些不同的解读，然后讲，经自己考证，是指资本与雇佣劳动相结合的资本主义生产方式。但在对《序言》的讲解中，这个问题不需要也不便展开论证，而是重视在以后的篇章的讲解中，不断得到新论据，提出新论证。如在讲解《资本论》

第一卷第四章《货币转化为资本》时，提醒读者注意：三卷《资本论》中，唯有第四章单独成篇（第二篇），表明其独特意义。第四章还没有进入对资本的生产过程的研究，从第五章《劳动过程和价值增殖过程》开始，才进入对资本主义生产的研究。第四章讲货币转化为资本、劳动力成为商品，是作为进入资本主义生产过程前的制度性条件安排的。正是要阐明：生产资料转化为资本、劳动力成为商品，使劳动成为雇佣劳动，形成了资本与雇佣劳动相结合的资本主义生产方式，决定着资本主义生产关系和交换关系。《讲解》在阐述《资本论》第二卷第一章《货币资本的循环》内容时，突出马克思的一个观点："不论生产的社会形式如何，劳动者和生产资料始终是生产的因素。……凡要进行生产，它们就必须结合起来。实行这种结合的特殊方式和方法，使社会结构区分为不同的经济时期。在当前考察的场合，自由工人和他的生产资料的分离，是既定的出发点，并且，我们已经看到二者在资本家手中是怎样和在什么条件下结合起来的。"这里说明：生产资料和劳动力结合的特殊方式，形成了不同的社会经济时期即不同的社会经济制度。而且点明了：工人与生产资料的分离及其在资本家手中结合（以资本与雇佣劳动的方式相结合），是资本主义经济制度"既定的出发点"。在讲解《资本论》第三卷第五十一章《分配关系和生产关系》的内容时，重视马克思的这一论述："资本和雇佣劳动的关系怎样决定着这种生产方式（指资本主义生产方式——引者）的全部性质。""对资本主义生产方式的科学分析却证明：资本主义生产方式是一种特殊的、具有独特历史规定性的生产方式，它和任何其他一定的生产方式一样，把社会生产力及其发展形式的一个既定的阶段作为自己的历史条件，而这个条件又是一个先行过程的历史结果和产物，并且是新的生产方式由以产生的既定的基础；同这种独特的、历史规定的生产方式相适应的生产关系，……具有一种独特的、历史的和暂时的性质；最后，分配关系本质上和这些生产关系是同一的，是生产关系的反面。"从这段论述中可以得出资本主义社会经济制度的运行公式：社会生产力——资本主义生产方式——资本主义生产关系——资本主义分配关系。从这一公式的内容可以肯定"资本主义生产方式"不是生产力，也不是生产力涵义上的劳动方式或劳动组织。它以一定的社会生产力的既定发展阶段为历史条件，并具有"独特的历史规定性"。所谓"独特的历史规定性"，就是只存在于一个特殊的社会发展阶段，即具有历史暂时性的事物。正是这种具有历史暂时性的资本主义生产方式，决定了与它相适应的生产关系，"也具有一种独特的、历史的和暂时的性质"。因此，有理由认为，这里所讲的"资本主义生产方式"，就是资本主义生产关系、交换关系和分配关系以其为基础、与其"相适应"的资本与雇佣劳动相结合的生产方式，即作为《资本论》研究对象的"资本主义生产方式"。

（二）关于货币的本质问题

《资本论》第一卷第二章《交换过程》中进一步阐述了当一般等价形式"固定在某种特殊种类的商品上"时，就结晶为货币形式。接着指出："因为其他一切商品只是货币的特殊等价物,而货币是它们的一般等价物,所以它们是作为特殊商品来同作为一般商品的货币发生关系"。这里,把货币界定为作为一般等价物的"一般商品",而其他一切商品,是作为货币的特殊等价物的"特殊商品"。这种说明,在《资本论》和马克思的其他论著中反复讲过十多次。可是,长期以来,我国的经济学著作中,一直把货币的本质界定为作为一般等价物的"特殊商品",颠倒了马克思的原意。目前还有人这样坚持。在关于《资本论》的导读类著作中,有的在解读这一章的内容中,连马克思的这段话都一字不提!我们在《讲解》一书中,对马克思的这段话,做了特别说明。

顺便提一下:作为马克思主义理论研究和建设工程重点教材的《马克思主义政治经济学概论》,数易其稿,都摒弃货币的本质是"特殊商品"的提法。但出版后,竟变成"所谓货币,就是固定地充当一般等价物的特殊商品"。使人莫名其妙。是谁改动的,无人知晓。连最后统稿的首席专家刘树成、张宇等也不知情。是否出版社编辑所为?刘树成同志回答说,编辑不会不打招呼擅自改动。愿借此机会说明:货币的本质是"特殊商品"的提法不是编写组的观点。

(三)关于两种社会必要劳动与价值决定的关系问题

学界长期争论:究竟是由《资本论》第一卷中所讲的社会必要劳动时间(第一种意义必要劳动时间)决定,还是由《资本论》第三卷中所讲的另一种意义的社会必要劳动时间决定,还是由两者共同决定。争论的实质是:某种商品总量如果超过市场需要或少于市场需要，所影响的是价值决定还是价值实现问题。其实，《资本论》中已明确回答了这个问题。关于两种社会必要劳动时间与价值的关系的论述，主要在《资本论》第三卷第十章和第三十七章关于地租问题的《导论》中提出的。《导论》中讲："社会劳动时间可分别用在各个特殊生产领域的份额的这个数量界限，不过是价值规律本身进一步展开的表现，虽然必要劳动时间在这里包含有另一种意义。"同时说明，"如果这种分工是合乎比例的，那么，不同类产品就按照它们的价值……出售"。如果社会总劳动时间分别用在各个特殊生产领域的比例破坏了，"这种比例破坏使商品的价值，从而其中包含的剩余价值不能实现"。笔者在"出售"和"实现"两词下打上重点号，表明另一种意义的社会必要劳动时间所影响的是价值和剩余价值的"实现"问题，是总产品能否按价值"出售"的问题，而不是另一种意义的必要劳动时间决定价值的问题。我们在《讲解》一书中首先讲明在这个问题上学界有哪种不同的解读。然后说明，按照《资本论》的原意，应是价值实现问题。在作为马克思主义理论研究和建设工程重点教材的《马克思主义政治经济学概论》中，明确表明：第一含义的社会必要劳动"涉及价值决定"，第二种含义"涉及价值实现"。这一解读，在编书组内部没有人提出异议，咨询委员会、审议专家也未提出异议，形成共识。

  还有其他一些《资本论》中的问题，存在解读上的差异，这里不一一论述。哪种解读更符合马克思的原意，要看哪种解读的论证和论据更充分。只有论断而没有论据和论证的解读，无助于读者的学习。评价各种解读观点，既要看是否切合《资本论》的论述，又要看是否切合经济实际。本《讲解》力求解读准确，符合《资本论》原意。但是否做到，还需由学界同仁和读者评论和指点。